느끼지 못한 순간에도 사랑

느끼지 못한 순간에도 사랑

교회 인가 | 2022년 7월 7일
1판 1쇄 | 2022년 8월 24일

글쓴이 | 전옥주
펴낸이 | 윤혜정
펴낸곳 | 생활성서사
편집인 | 김명자 **디자인 자문** | 이창우, 최종태, 황순선
편집장 | 송향숙 **편집** | 정승, 안광혁, 정은영
디자인 | 강지원 **제작** | 유재숙 **마케팅** | 조상순 **온라인 홍보** | 박수연
등 록 | 제78호(1983. 4. 13.)
주 소 | 서울특별시 강북구 덕릉로42길 57-4
편 집 | 02)945-5984
영 업 | 02)945-5987
팩 스 | 02)945-5988
온라인 | 신한은행 980-03-000121 재) 까리따스수녀회 생활성서사
인터넷 서점 | www.biblelife.co.kr
가톨릭 교회의 모든 도서는 '생활성서사' 가톨릭 인터넷 서점에서 만나실 수 있습니다.

ISBN 978-89-8481-620-6 03230
책값은 뒤표지에 있습니다.

ⓒ 전옥주, 2022.
이 책은 저작권법에 의해 보호를 받는 저작물이므로 무단 복제를 금합니다.

느끼지
못한 순간에도
사랑

글쓴이 **전옥주**

| 차례 |

이삭

휴전선의 불빛　9
어느 할머니의 동반자　13
즐거운 나의 집　17
성경 공부　21

집으로 가는 길

나날이 새날　27
행복한 동행　29
한밤중에 촛불을 밝히며　32
이 봄에 생각하는 생명과 사랑　35
나에게 5월은　38
보훈報勳의 바람　41
라파엘의 천상 여행　44
내 몫의 나무 천 그루　47
또 하나의 행복　50
인간 능력의 한계　53
보잘것없는 존재에 대한 사랑　56
끝이 없는 길　59

발견의 기쁨

나이 듦도 은총입니다　65
사랑하기 때문에 눈물이 납니다　71
시시한 삶도 시시한 사람도 없습니다　76
부끄러운 자랑도 기쁨입니다　81
마음을 열면 사랑이 보입니다　86

그리움의 불씨는 꺼지지 않습니다　91
나무는 하늘 우러르며 기도하듯 서 있습니다　97
당신의 작은 배려가 살맛 나는 세상을 만듭니다　102
타인의 아름다운 삶이 가슴을 울립니다　107
이루지 못한 꿈은 별이 됩니다　113
삶과 죽음은 함께입니다　119
모든 만남은 축복입니다　124

콩트
우리 동네
천사표 언니

세 자매의 왕언니　131
쫌쫌 어린이 놀이방　140
그 아줌마는 어떻게 반장이 되었을까?　147
우리도 산타 할아버지　155
봄이 싫은 세희　165
우표가 붙은 편지　175
진주조개는 아파요　186
주인 없는 생일 케이크의 메아리　195
정자 언니의 크리스마스 선물　203
천사표 언니가 또 있어요　215
개구리 소리주머니에 담긴 그리움　225
제비를 기다리는 사탕 할아버지　233
주희에게 엄마가 생겼어요　243
이쁜이 언니　252

작가의 말　뒤돌아봄의 은총　260

이삭

휴전선의 불빛

녹색으로 펼쳐진 산과 들이 순식간에 사라지고 시계視界는 암흑뿐, 아무것도 보이지 않았습니다.

'완연한 어둠이 이런 것이 아닐까….' 생각하는 순간 저 멀리서 한 점 불빛이 보였습니다. 그 빛은 이내 어둠을 가르며 서서히 우리 일행이 서 있는 산 아래까지 뻗어 왔습니다. 먹칠을 한 듯 깜깜한 허공에서 꼬리에 꼬리를 물고 이어지는 불빛은 환상적이었습니다. 그러나 그 환상적인 아름다움이 남과 북을 가르는 군사 분계선임을 알았을 때, 새삼 분단된 조국의 아픔에 눈시울이 젖어 들었습니다.

오래전 봄, 문인들이 1박 2일 일정으로 전방을 방문했을 때 보고 느낀 것입니다.

누구든지 모두 때가 되면 어떤 관계로라도 군인과 인연을 맺게 되기 때문에, 군대 생활 얘기는 언제 어디서 들어도 생소하게 들리지 않고, 고스란히 우리의 얘기가 됩니다. 그래서 저도 젊은 군인을 보면 조카나 자식처럼 친근하게 대하게 됩니다. 그날도 그랬습니다. 후방보다 더 힘들고 고생이 많은 전방 부대라는 선입견으로 인해, 그곳 젊은이들은 그 어려움의 무게만큼 더 늠름하고 믿음직스럽게 보였으며, 대견해서 등이라도 두들겨 주고 싶은 심정이었습니다.
　'나약한 청년을 당당한 사나이로 만들어 주는 곳이 군대'라는 평소의 신념에 확신을 더하며, 사병이 끓여 주는 원두커피에, 젊은이들이 손수 지은 맛있는 식사까지 더해 즐거운 대화도 나눴습니다. 겹겹이 둘러싸인 철조망과 경계 초소만 보이지 않았더라면 그곳은 정말 자연 경관이 빼어난 극히 평화스러운 곳이었습니다. 왜 우리가 사는 세상에 창살이나 철조망 같은 것이 필요한지…, 왜 그것이 자유롭게 오가는 사람과 사람 사이를 갈라놓는지, 모순과 아픔을 뼈저리게 느끼는 순간이기도 하였습니다.

그날, 250킬로미터의 철조망을 따라 설치된 조명등이 언제 어떻게 만들어졌는지도 모르면서, 왠지 그 불빛은 은총이 될 수도 있을 거란 생각을 했습니다. 일반적으로 빛은 어두움을 거두고 두려움을 물리치는, 그래서 삶에 대한 희망과 평화를 주는 것이라 믿기 때문이겠지요.

칠흑 같은 어둠 속에서 수색에 나선 남·북 젊은이들 모두에게 그 불빛은 더러 그들이 지닌 공포와 불안을 덜어 주기도 하고, 안정과 다사로움을 안겨 주기도 했을 것이라고 믿습니다. 철조망을 묻어 버린 어둠의 자리에서 살아난 밝고 포근한 불빛이 남과 북의 얼어붙은 마음을 녹이는 화합의 빛, 평화의 빛이 되었으면 하고 바라던 그때의 간절한 마음이 지금도 생생하게 기억에 남아 있습니다.

이튿날 새벽, 철조망을 자유로이 넘나드는 새 떼를 바라보며 슬픔과 아쉬움과 더불어 가슴 설레기도 했습니다. 그것은 1989년 11월 9일, 독일 국민의 환호 속에 전 세계를 감동시킨 베를린 장벽이 허물어지던 때가 떠올랐기 때문입니다. 28년 동안 맺힌 한을 스스로 풀어 버린 그들은 참으로 위대하며, 세계만방에 위대한 그들의 국민성을 과시한 쾌거라 하지 않을 수 없습니다. 통일의 상징이 된 브란덴부르크에 운집한 동·서독인들이 기뻐서 눈물을 흘리며 폭죽을 터뜨리고 춤추며 밤새 촛불을 밝혀 환희를 드러내던 모습이 떠올랐습니다. 반면 50년이 넘도록 철조망 분계선을 걷어 내지 못하는 우리의 아픔이 어둠을 밝힌 휴전선의 불빛과 범벅되어 가슴이 아려 왔습니다.

'아, 우리는 언제쯤…'

창조주 하느님께서는 빛을 만드시고 보시기에 좋다 하셨습니다. 좋은 빛을 주신 분께서 칠흑 같은 어둠을 밀어낸 휴전선의 불빛을, 이 땅의 화합과 평화의 길을 밝히는 좋은 빛으로 우리에게 다가오게 해 주시기를 소망하였습니다.

어느 할머니의 동반자

세상에서 가장 불행한 것은 아마도 매사에 확신을 갖지 못하고 갈등하는 일이 아닐까 생각합니다. 불신 속에서 진실을 찾고자 허우적거리는 안타까운 몸부림이 어쩌면 오늘을 사는 우리의 모습인지도 모릅니다.

우리는 세례성사를 통하여 주님의 자녀가 되었다고 선언하였기에 마땅히 교회의 가르침에 순종해야 합니다.

수도 없이 되풀이해 온 미사 때마다 우리는 이웃에게 복음을 전할 것을 약속하고서 미사 예절을 끝맺습니다. "미사가 끝났으니 가서 복음을 전합시다."라고 선포하는 사제를 통해 하느님께서 강복하심을 믿으며 감사하는 마음으로 복음 전파에 동의하고 약속합니다. 하지만 과연 몇 번이나 실행했을까요. 잠 못 이루는 밤 여러 가지 상념에 젖다가 문득 이 약속이 떠오를 때면 어떤 가책으로 방에 걸린 십자고상을 바라보기 부끄러워 숨고 싶을 때도 있었습니다.

사람과의 약속은 어떻게든 지키려고 노력하건만 주님과의 약속은 어찌 그리도 쉽게 잊어버리게 되는지…. 물론 진심으로 뉘우치는 순간도 없지 않습니다. 하지만 성경에 관한 지식이 없어서 혹은 일상이 바쁘기 때문이라는 등등의 이유라면 그것은 옹색한 자기변명에 지나지 않겠지요.

우리가 언제 지식으로 주님을 믿었고 간증하였으며 인간의 지식이 대관절 얼마나 깊기에 주님의 말씀과 행하신 일에 대해 왈가왈부할 수 있겠습니까?

'토마스야, 너는 나를 보고도 믿지 못하느냐?'고 예수님께선 의심이 많은 토마스를 꾸짖으셨습니다. 어쩌면 우리도 '토마스'처럼 창에 찔린 예수님의 옆구리와 못에 찔린 손바닥을 만져 보고서야 믿는 의심 많고 미지근한 믿음을 가진 것은 아닐는지요? 그래서 은총을 망각하고 방황하는 믿음이 부족한 불행한 신앙인으로 살고 있는 것이라 자성해 봅니다.

저는 오래전에 한 할머니의 신앙심 깊은 삶의 이야기를 듣고, 그분의 믿음에 감복하고 참으로 부러워했던 적이 있습니다.

육신이 쇠잔하여 허리가 꾸부정하게 휜 할머니의 손에는 항상 묵주가 쥐어져 있었습니다. 비록 겉보기엔 초췌하고 초라하게 보였지만 언제 보아도 얼굴에는 밝은 미소를 띠고 온화한 모습을 지니셨는데 특이한 것은 할머니가 버스를 탈 때마다 두 사람 몫의 요금을 내는 것이었습니다. 어느 날 운전기사가 할머니에게 물었습니다.

"할머니! 왜 요금을 한 사람분 더 내는 것입니까?"

그랬더니 할머니는 주름진 눈가에 미소를 가득 담고는 이렇게 대답하더라는 것입니다.

"예, 나는 항상 예수님과 함께 다니기 때문에 예수님의 요금도 내지요."

이렇게 말씀하시는 할머니의 모습이 그렇게 맑고 행복

해 보였다고요. 어떻게 그런 소박한 믿음을 지닐 수 있는지. 그 마음이 긴 여운을 남기며 제게 전해져서 오랜 세월이 지났어도 여전히 기억에 살아 있습니다.

"마음이 소박하고 맑은 사람은 하느님과 자연을 믿게 마련이다."라는 말이 생각날 때면 예수님과 항상 동행한다는 믿음으로 평화롭고 아름답게 살아가시는 당당한 할머니의 모습이 떠오르곤 합니다.

즐거운 나의 집

　초가을 늦은 저녁 시간, 지하철 서울역 한 구석에 자리한 노숙자 몇 분을 보았습니다.
　그들은 모두 삶에 찌들어 보였고, 어떤 기대감이나 희망과는 등진 듯 그저 맥없이 드러누워 있거나 벽에 비스듬히 기대어 한숨과 함께 담배 연기만 내뿜었습니다. 그들을 지나치면서 저는 눈앞의 현실을 인정하고 싶지 않아 시선을 허공으로 돌렸습니다. 노숙할 수밖에 없는 곤곤한 삶을 외면하고 도망치듯 빨리 지나가려는 제 마음이 편치 않아 하루라도 빨리 그들도 가족이 기다리는 집으로 돌아갈 수 있기를 기도하였습니다.

　4호선 전철을 타고 쌍문역에서 내려 다시 마을버스를

타고 집에 거의 도착할 즈음에는 노숙자들의 가련한 모습은 어느새 잊어버리고 맙니다. 그러고는 사랑하는 가족이 기다리는 집을 생각하며 흐뭇한 감상에 젖었습니다. 서로 위하고 사랑하는 사람들과 함께 사는 집이란 참으로 더할 나위 없이 행복한 곳입니다. 아파트에 다다르자 맨 아래층 어느 집에선가 꼬마들의 노랫소리와 웃음소리가 흘러나왔습니다. 제 귀를 간질이는 그 웃음소리에서 눈에 보이지 않아도 참으로 행복한 가정이라고 느껴졌습니다. 그때 문득 '즐거운 나의 집(홈 스위트 홈)'이라는 노래가 떠올랐습니다.

이 노래는 어린 시절부터 지금까지 자주 즐겨 부르는 노래 가운데 하나입니다. 저뿐만 아니라 수많은 사람이 부르고, 우리나라는 물론 전 세계 모든 민족에게도 애창되는 '홈 스위트 홈'의 노랫말은 미국의 존 하워드 페인John Howard Payne이 지었습니다. 그런데 공교롭게도 그는 열세 살 되던 해에 부모와 이별한 후 일생동안 한 번도 자신의 가정을 가져 보지 못했다고 합니다.

이 가사를 지을 때 프랑스 파리에서 무일푼으로 비참

한 떠돌이 생활을 했던 그는 인간에게 가정이 얼마나 소중한 것인지를 뼈저리게 느꼈기에, 사랑이 꽃피는 가정을 꾸리고 싶은 애절한 소망을 이 노랫말에 담았던 것입니다.

그는 절친한 친구에게 이런 편지를 보냈다고 합니다. "진정으로 이상한 얘기지만, 전 세계 많은 사람에게 '즐거운 집'의 기쁨을 노래하게 한 나도 아직껏 가정의 진정한 맛을 모르고 있다네. 앞으로도 아마 맛보지 못할 것이네." 그리고 1년 후 그는 집도 없이 떠돌다가 길가에 쓰러져 일생을 마쳤다고 합니다.

대부분의 사람은 어떤 모습이건 가정이 있고 가족이 있습니다. 그러나 가정과 가족 혹은 집이라는 울타리가 얼마나 많은 행복을 주는지 미처 깨닫지 못한 채 사는 사람도 많습니다.

오늘날 우리 사회는 가치관의 혼돈 속에서 방황하며 가정의 소중함을 모르고 쉽게 가정을 파괴하는 현상이 일어나고 있습니다. 이러한 가정 파괴 현상은 어쩌면 어떻게 사는 것이 행복한 삶인지를 모르는, 곧 눈을 뜨고도 앞을 못 가리는 청맹과니와도 같다고 하겠습니다.

가정이 주는 행복은 그 어떤 환경이나 경제적 잣대로도 평가할 수 없습니다. 제아무리 호화스러운 집과 별장을 가졌다 해도 가족 간의 사랑과 믿음이 없다면 그것은 아무 쓸모없는 허무한 공간이겠지요. 오히려 그런 집이나 별장을 갖지 못해 아쉬워하고 갈망하는 것보다 더 불행한 삶이 될 수도 있을 것입니다. 비록 협소하고 초라한 집일지라도 그 안에서 서로 믿음과 사랑이 오갈 때 그 가정은 참다운 가정이며 행복을 누리는 집이 될 것입니다.

우리가 학교나 가정 혹은 직장에서 자주 부르며, 객지에서는 더 많은 기쁨과 그리움을 담아 부르는 노래, "즐거운 곳에서는 날 오라 하여도 내 쉴 곳은 작은 집 내 집뿐이리…." 진정 세상이 제아무리 넓고 아름답다 하여도 내 가족과 함께 사는 집보다 더 편안하고 그윽한 곳은 없을 것입니다.

사랑의 주님께서 맺어 주셨고 지켜 주시기에 우리는 이 '즐거운 나의 집'에서 평화롭게 사는 것이라고 저는 언제부턴가 믿게 되었습니다.

성경 공부

새 천 년이 되면 특별한 세상이 펼쳐지기라도 하는 듯 1999년 연말연시 즈음 한동안은 어떤 흥분과 기대로 많은 사람들이 가슴 벅차하며 들뜨기도 하였습니다.

저 역시 그 분위기에 휩싸여 2000년부터는 무언가 달라져야 하며 새로운 도약이 있어야 한다고 생각했습니다. 그러나 그런 의욕이 컸을 뿐 무엇을 어떤 식으로 시작해야 할지 확실한 대안은 없었습니다.

그때 들려온 소식이 본당에서 성경 대학을 개설한다는 것이었습니다. 저는 성경을 처음부터 끝까지 정독하지 못했기에 늘 부끄럽다고 생각했었습니다. 세례도 태중 교우인 남편의 도움을 받아 통신 교리로 겨우 통과하였기에 저는 신앙인으로서 기본 교리도 습득하지 못한 상태였습니다. 그래서 누군가로부터 성경이나 교리에 대한 질문이라도 받게 되면 당황하기가 일쑤였고 더러는 민망하기도 하였습니다.

해서 기회가 닿으면 언젠가는 제대로 성경 공부를 해야겠다고 벼르던 차라 새 천 년의 첫 실행으로 성경 공부를 할 수 있다는 것에 가슴 뿌듯했고, 그야말로 뜻있는 기회가 주어져서 감사했습니다.

2월 마지막 목요일, 그날은 성경 대학 입학식 날이었습니다. 이른 저녁을 먹고, 나름 마음 준비를 단단히 하여 서둘러 성당으로 간 저는, 성당 입구에서부터 즐거움이 넘쳐 나는 잔치 분위기가 감도는 데에 다소 의아해했습니다. 성당 안에는 촛불을 든 교우들이 입추의 여지없이 꽉 차 있었고 마당에도 수십 명의 사람들이 북적거렸습니다.

편협한 제 생각에는 지금 성전에서는 미사를 드리는 중이고, 마당에서 담소하며 기다리는 사람들은 성경 공부를 할 사람일 거라고 짐작했습니다. 그러나 그것은 큰 착각이었습니다. 성당을 가득 채운 사람들은 모두 성경 공부를 하고 싶어서 온 교우들이었습니다.

'많아야 100명 정도 되겠지.'라는 생각이 무색했습니다. 성경 공부 신청자는 600명이 훨씬 넘었으며 추가 희망자도 많았지만 장소와 교재 사정으로 더 이상 수강 신청을 받을 수 없는 상황이었습니다.

본당에서 봉사도 단체 활동도 하지 않고 교적으로만 명맥을 이어온 미지근한 신자인 저는 정말 놀랐습니다. 그렇게 많은 교우들이 오리라고는 상상도 못했으며, 또 그렇게 모두가 시작 전에 미리 와서 기다리는 것도 경이로웠습니다.

주님께서 성경 공부하라고 불러 주신 많은 형제자매의 얼굴에는 기쁨이 흘러넘쳤습니다. 저도 덩달아 기뻤습니다.

성경 공부할 사람이 100명도 안 될 것이라는 저의 기우杞憂에서, 저라도 열심히 공부해 보겠다는 가타리나를 주님께서 특별히 어여삐 생각하셔서 특은(?)을 베풀어 주셔야 한다는 조건을 제멋대로 내세웠습니다. 그것은 상황을 올바로 파악하지 못한 제 오판(誤判)이자 동시에 제 오만(傲慢)이었음을 깨달아 부끄러웠습니다.

    열심히 살려고 노력하는 중년의 교우들이 많은 본당이기에 무엇인가 도움을 주고 싶어 성경 대학을 운영하기로 결심하셨다는 주임 신부님! 수강생들은 열정적인 본당 주임 신부님과 부주임 신부님 두 분의 강의를 들으면서 말씀을 통해 주님을 만나는 행복한 시간을 가졌습니다. 성경에는 문맹에 가까운 저도 그들과 함께하며 행복한 시간을 누렸습니다.
    처음 성경 공부를 시작할 때는 미처 깨닫지 못했던 여러 가지 기쁨을 누렸습니다. 이 큰 은총을 주신 주님! 정말 감사합니다.

집으로 가는 길

나날이 새날

'오늘도 새날이다!' 하고 생각하면 언제나 가슴이 벅차오릅니다. 이 한마디가 무의미한 삶을 흔들어 생기를 불어넣어 줍니다. 이른 아침 창밖을 내다보면 지난밤의 암흑은 사라지고 어젯밤과 다른 밝은 하늘이 열려 있습니다.

내년이면 일흔이 되는데도 때 묻지 않은 소녀의 가슴으로 살아가고 싶어 하는 할머니가 있습니다. 그 할머니는 자신이 나이에 걸맞은 사고와 행동을 하지 못한다는 것을 알고, 가끔은 할머니답게 또 어른답게 행동하고 사고해 보자고 자신에게 최면을 걸기도 하다가 오히려 그러는 자신이 어색해서 금방 포기해 버립니다.

지난날 한때 할머니는 삶이 고달프거나 힘이 들 때면 곧잘 '그날이 그날인 인생살이'라며 탄식을 했습니다. 그러나 주님께서 주신 것 어느 하나도 같은 것 없이 제각각이며, 한순간도 멈추지 않고 이 세상 모든 것은 계속 변화되고 있다는 것을 깨닫고는 어제와 다른 오늘을 보았습니다. 황금빛 은행잎이 바람에 휘날리며 가로에 휩쓸리는 것도 어제와 다른 오늘의 새 바람으로 해서 일어나고, 의연히 서 있는 나목裸木도 어제까지 지녔던 생명의 샘에 또 다른 생명력을 보듬어 보태면서 봄을 기다리고 있음도 알게 되었습니다. 오늘은 분명 어제와 다른, 주님께서 새롭게 주시는 빛으로 오는 새날이었습니다.

'그날이 그날'이라고 생각할 때는 암흑세계의 연장이었고 '나날이 새날'이라며 맞는 하루는 밝은 세계로 향하는 희망의 날이기에 할머니는 소녀의 순수한 마음으로 언제나 새날을 맞고 싶어 합니다.

요즈음도 할머니는 즐겁게 열심히 일을 합니다. 출근길 마을버스를 타고 차창 밖을 내다보며 '오늘도 새날이다!' 되뇌이면 가슴 한편에 잔잔한 물결로 희열이 이는 행복감으로 '언제나 새날을 주시는 주님!'을 부르며 모두가 '나날이 새날'로 맞는 밝은 세상을 꿈꿉니다.

행복한 동행

곁에 있는 사람의 팔짱을 끼어 따뜻한 체온을 느끼고 싶던, 눈바람 차가운 어느 날 아침이었습니다. 수많은 사람과 같은 방향으로 밀리듯 지하철 계단을 내려가는데, 길게 늘어진 꽁무니를 보이며 전철이 달아났습니다. 다음 차가 올 때까지 몇 분을 여유 있게 보내기 위해서 신문 가판대가 있는 곳으로 가 보았습니다.

좁은 공간 가득 진열된 잡지와 주간지 가운데 「행복한 동행」이라는 월간지가 유독 눈에 띄었습니다.

행복한 동행?! 갑자기 요즈음 들어 부쩍 한번 다녀가라고 성화를 부리는 이민 간 친구 생각이 났습니다. 어렸을 때 한 동네 살던 소꿉친구와 중학교 때부터 줄곧 붙어 다니다가 대학 다닐 때는 자취방에서 함께 화려한 꿈을 접었다 폈다 했던 친구! 그 두 사람이 고국을 떠나 캐나다와 미국으로 떠난 지 30여 년이 되었습니다. 이제는 모국 방문의 기회가 줄어 얼굴조차 보기 어렵게 되었지만 생각하면 언제나 가슴이 훈훈해지고 미소가 피어오릅니다.

설사 몇 년째 만나지 못해도 가끔 걸려 오는 안부 전화 한 통만으로도 충분하게 세월을 뛰어넘어, 행복했던 어린 시절부터 지금까지 시간을 함께하고 있음을 실감합니다.

환경과 거리에 상관없이 슬플 때나 괴로울 때 전화로 위로받고 하소연하며 때로는 부모 형제 배우자에게 말 못할 사연까지도 털어놓습니다. 친구는 친구로 맺어지는 순간부터 친구를 통해 나의 존재를 확인하며 주어진 같은 시간대에 펼쳐진 세상을 공유하며 살아가는 동행자이면서 서로에게 행복의 요술 주머니 역할을 하고 있다는 생각을 했습니다.

알브레히트 뒤러의 '기도하는 손'이 눈앞에 어른거렸습니다. 작품에 얽힌 우정이 너무나 감동적이어서 작품을 본 순간부터 지금까지 어느 미술 작품보다 좋아하며 그 작품을 대할 때마다 친구를 느꼈습니다.

친구와의 '행복한 동행'을 생각하는 그 시간, 함께 있음에 충만한 행복감을 느끼게 해 주신 분이 또 있었습니다. 눈에 보이지는 않지만 우리와 늘 함께 계시는 분! 주님과의 동행이야말로 세상에서 가장 행복한 동행이라는 것을 그날 아침 땅 밑에서 깨달았습니다.

한밤중에 촛불을 밝히며

초에 불을 밝힙니다.

자정을 넘긴 시간, 사위四圍가 어둠에 쌓이면 쌓일수록 촛불은 더욱 빛을 발합니다.

지난해 성탄 맞을 준비로 대림환을 사서 거실 가운데에 있는 탁상 위에 올려놓으니, 쓸쓸하던 집안이 가득 차 보여 풍성한 느낌이 들었습니다. 초에 불을 댕기고 기도를 마친 후, 하염없이 자신을 태우는 촛불을 보는 마음이 그렇게 평화로울 수가 없었습니다.

불면에 시달리던 어느 한밤중, 대림환 네 개의 초에 불을 밝히고 묵주 기도를 하는데, 네 자루 촛불이 놀랍게도 스무 개가 되어 황홀하게 내게로 다가왔습니다. 신비스러웠습니다. 그 후 자정이 넘도록 잠이 오지 않으면 거실에 나가 촛불 밝히는 것을 즐겨합니다.

촛불은 어렸을 때도 좋아했습니다. 학교 다닐 때는 촛불을 켜 놓고 공부해야 공부가 잘된다고 억지를 부려 어머니께 야단맞기도 하고, 공부하면서 졸다가 촛불에 앞 머리카락을 곧잘 태우기도 하였습니다.

여든일곱에 돌아가신 우리 어머니는 꼭 촛불을 켜고 묵주 기도를 바치셨는데 초에 불을 댕긴 성냥개비를 모으는 그릇을 따로 두시어 그것이 수북하게 모이면 곳간에 곡식이 쌓인 것 못지않게 마음이 넉넉하다고 하셨습니다.

그때 어머니가 밝힌 초는 한 자루만 보였는데, 요즈음 제가 한밤중에 밝히는 초 한 자루는 다섯 개의 촛불이 되어 저를 반깁니다.

제 앞 탁상 위의 촛불이 거실 유리문을 넘어서, 그리고 더 멀리 베란다의 창문 너머 허공에 떠 있으며, 장식장의 유리문과 텔레비전의 깜깜한 화면에도 촛불이 반사돼 어디에나 계시는 주님의 존재를 확인해 주는 듯해서 가슴이 울렁거리기도 하였습니다.

　초가 아무리 많아도 스스로 불을 밝히지 않으면 그 빛을 만날 수 없습니다. 스스로 불을 밝히고, 또 그 빛 하나가 여럿이 되어 주위를 밝힐 수 있음을 음미하면서, 저 자신이 한 자루 초가 되어 여러 곳을 밝게 비추게 되는 꿈을 꾸곤 합니다.

이 봄에 생각하는 생명과 사랑

 창문 틈으로 봄이 밀려 들어옵니다.
 창밖과 집 안의 완충 지대인 베란다에 있는 화초들은 밀려 들어오는 봄을 환영하며 한껏 빨아들인 기색이 역력합니다. 겨우내 추위에서 생명 버티기에 안간힘 쓰던, 물기 없어 보이던 잎사귀들이었는데, 어느덧 그 사이에 싱싱한 새순이 나는 것을 보느라 화초에 물 주는 시간이 길어집니다.

 스무 개가 넘는 화분 가운데 유독 애정이 가는 것은 작은 시클라멘 화분입니다. 이 화초가 우리 집에 온 것은 지금 사는 아파트로 이사 온 해였으니 7년 전입니다. 그해 초겨울, 이른 저녁을 먹고 남편과 함께 산책하던 중 어린

아이 주먹만 한 알뿌리 하나가 길가 정원 언저리에 버려져 있는 것을 보았습니다. 남편이 화분에 심으면 무슨 꽃이든 필 것 같으니 무슨 꽃이 필지 한번 보자고 하여 화분에 흙을 담아 뿌리를 묻었습니다. 그리고 흙이 마르지 않을 정도로 물을 주었습니다.

그리고 무슨 알뿌리인지 그 이름을 알 수 없으니 우선 '가타리나'(필자의 세례명)라고 부르기로 했습니다. 두어 달이 지나자 기도하는 손 모양의 앙증스런 잎이 돋아나더니 봄이 되어 분홍색 꽃을 피웠습니다.

꽃을 보고서야 시클라멘이라는 것을 알았지만 우리는 계속 가타리나라고 부르며 관심을 쏟았습니다. 사랑 때문인지 첫 해 두 송이 피던 꽃이 해가 갈수록 점점 더 많은 꽃을 피우면서 해마다 봄이 되면 눈과 마음을 즐겁게 해주었습니다. 그러다가 한여름이 되면 그 무성하던 잎을 다 떨쳐 버리고 다시 뿌리로 돌아갑니다. 그래도 물 주기는 계속합니다.

봄이 되면 다시 지난해보다 더 많은 꽃을 피우고, 우리는 그 꽃으로 충분히 봄을 만나고 봄의 신비, 생명의 신비를 봅니다. 그러다가 가끔 그날 저녁 누군가가 죽었다고 던져 버린 뿌리를 그냥 무심히 보았더라면 이 생명은 어떻게 되었을까 생각해 봅니다.

가타리나라는 이름으로 사랑받고 다시 살아나 생명을 연장하며 해마다 아름다운 꽃을 피우는 시클라멘! 이 봄에는 소담스럽게 올라오는 꽃망울을 혼자 바라보며, 어느 해보다 아린 마음으로 생명과 사랑을 생각합니다.

나에게 5월은

일 년 열두 달, 좋아하지 않는 달은 없습니다.

1월에는 한 해의 꿈과 소망을 아낌없이 서로 주고받습니다.

2월에는 그리운 이를 만나기 위해 민족 대이동이 이루어지는 설이 있습니다.

3월이면 겨우내 얼었던 대지가 경쟁하듯 여기저기 생명의 싹을 틔우기에 자연의 신비를 온몸으로 느낍니다.

4월에는 눈이 부시도록 현란한 꽃들의 아름다움에 취해 마음속에 웅크리고 있는 행복이 기지개를 켜며 밝은 세상 밖으로 나옵니다.

5월은 푸르른 신록의 충만함이 이 땅의 모든 생명에게 싱그러운 축복을 내려 줍니다.

6월은 밝은 태양이 일 년 중 가장 긴 시간 동안 우리를 비추어 주며, 7월은 작열하는 태양이 사람과 사람 사이의 인연을 소중하게 생각하도록 방학과 휴가라는 여유를 만들어 줍니다.

8월은 광복절의 감동이 언제나 가슴을 울렁거리게 하니 좋은 달이 아닐 수 없습니다. 그리고 9월이면 세계적으로 유명한 우리나라의 맑은 쪽빛 하늘을 볼 수 있습니다.

10월의 풍요로운 황금빛 들판은 메마른 우리 마음을 넉넉하게 해 주고, 11월이면 나무들이 마지막 열정을 태워 찬란한 색채로 잎을 물들이며 황홀한 이별 축제를 펼칩니다.

마지막 달 12월에는 성탄의 기쁨과 함께 한 해 동안 먼지 낀 더러움을 다 덮어 버리는 듯 새하얀 눈이 내립니다.

이러니 모든 달을 좋아하지 않을 수 없지요. 이 보편적인 이유 외에도 사랑하는 가족의 생일과 결혼기념일, 그리고 특별히 기억되는 만남과 행복하고 슬펐던 일들이 알알이 박혀 있으니 어느 달도 좋아하지 않는다고 외면할 수가 없습니다.

그런데도 유별나게 좋아하는 달이 있습니다. 표현할 수 없는 깊은 사랑에 푹 잠기고 싶은 달! 바로 5월입니다. 좋고도 좋은 '성모 성월'이기도 하지만 너무나 오랜 시간 방황하다 주님의 딸이 되고 싶어 목메어 울던 제가 혼자서 세례 받은 달.

5월의 그날 그때를 생각하면 매번 콧잔등이 찡하면서 눈물이 납니다. 사랑 때문입니다. 은혜 때문입니다. 그러기에 은총의 샘에 푹 잠기고 싶은 5월이기도 합니다.

보훈報勳의 바람

 6월은 보훈의 달입니다. 나라 위해 목숨 바친 애국선열과 조국을 지키다가 숨진 국군 장병을 생각하며 그들의 명복을 빌고 유가족을 포상하는 달입니다.
 고등학교 역사 시간에 애국지사를 들라면 제일 먼저 안중근(토마스) 의사를 꼽았습니다. 지금도 마찬가지입니다. 많은 선열 가운데 '왜 유독 안중근 의사'냐 하면, 그것은 처음 본 그분의 휘호 밑에 찍힌 약손가락 한 마디가 잘린 장인掌印이 너무나 강렬하게 각인되었기 때문입니다.

 열아홉 살에 세례를 받고 서른한 살 젊은 나이로 순국하신 안중근 토마스! 독립 투쟁의 결의를 다짐하고자 손가락을 잘라 그 선혈로 태극기에 '大韓獨立(대한독립)'이라는 혈

서를 썼다는 것은 충격적인 감동이었고 조국에 대한 사랑 때문에 체포될 줄 뻔히 알면서도 많은 사람이 오가는 하얼빈 역전에서 이등박문 이토 히로부미를 쏠 수밖에 없었던 그분의 아픔과 분노는, 한 물줄기를 타고 흘러가는 동족이기에 제 가슴에 닿아 아렸습니다. 해서 지난날에는 현충일 사이렌 소리가 들리면 숙연한 마음으로 안중근 의사를 비롯한 많은 순국선열을 떠올리며 그들의 영혼을 위해 기도도 했습니다.

그런데 요즘은 그분들을 위한 묵념과 기도는커녕 기억조차 하지 않고 그냥 지나치기 일쑤입니다.

하지만 올해는 보훈의 달이 되기 전부터 과거 역사의 인물, 그리고 6·25 전란으로 목숨을 잃은 수많은 젊은이가 자꾸만 생각납니다. 2009년이 안중근 의사의 의거와 순국 100주년이 되는 해이기 때문인지 아니면 6·25 때 간부 후보생으로 출정한 형부를 60여 년 동안 오매불망 기다려 온 세라피나 언니가 얼마 전부터 병을 앓고 있어서인지 모르겠습니다.

암튼 일 년에 한 번 살랑대는 미풍으로 일다가 금방 사그라지는 보훈의 바람이 올해는 마음에 잠자는 보훈의 씨앗을 움트게 하여 아름답게 꽃피우는 훈풍이 되었으면 하고 희망합니다.

나라를 사랑하든 사람을 사랑하든 사랑에는 희생이 따르기 마련인데 사랑한다면서 희생하기를 거부하는 요즘 사랑의 실체를 생각하며 우리를 위하여 십자가에 못 박히신 예수님의 그 크신 사랑과 희생을 가슴에 담고 다시 한 번 보훈의 의미를 새겨 봅니다.

라파엘의 천상 여행

타인의 삶을 보면서 가끔 울 때가 있습니다. 자신과 아무런 상관없는 생소한 삶의 일부가 신문이나 잡지 또는 텔레비전을 통해 갑자기 제 삶에 끼어들어 가슴에 통증을 유발하며 눈물을 쏟게 합니다. 젊은 날에는 무관심하게 지나치던 이웃의 아픔이 나이가 들면서 그 아픔을 공유하며 함께 아파하기도 하고, 멀게만 생각했던 봉사자들의 노고와 사랑에 감동하여 밝고 따뜻한 세상의 빛을 봅니다.

지난 2월 어느 날, 신문을 읽다가 소리 내어 운 적이 있습니다. 저를 울린 기사가 실린 신문을 버릴 수가 없어서 한동안 책상 위에 두었는데, 눈에 띌 때마다 매번 명치 끝이 저렸습니다.

7년간 암 투병을 하면서도 웃음과 희망을 잃지 않았고, 마지막 소원이던 가족과의 설악산 여행길에서 호스피스 수녀님의 품에 안겨 하늘 나라로 간 스물한 살 아름다운 청년 전승항 라파엘! 지금도 그의 젊음과 소박한 꿈과 미소를 생각하면 가슴이 찡합니다.

하늘 나라로 가기 하루 전에 찍었다는 사진 속 라파엘은 미소 짓고 있었고 해맑은 얼굴은 참 편안해 보였습니다. 그 미소 때문에 울음이 쏟아졌는지도 모릅니다. 많은 사람이 이 청년의 짧은 삶을 애련한 마음으로 안타까워하였지만, 정작 본인은 많은 사람으로부터 사랑받고 있다는 것을 믿어 그 사랑의 힘으로 고통도 죽음도 두려워하지 않았고 편안하고 행복한 마음으로 짧은 생을 하직했습니다.

삶이란 무엇이며 인간의 행복이 무엇인지, 그리고 대가를 바라지 않고 주는 사랑의 깊이가 어느 정도인지 그 기사를 읽으며 다시 한번 생각해 보았습니다.

누군가에게 사랑받고 있다는 확신이 있으면 어떤 상황에서도 절망하지 않고 행복할 수 있습니다. 그런데 주님의 무한한 사랑을 받고 있으면서 우리는 왜 방황하며 불행해하는지….

어느 날 문득 '주님께서 나를 사랑하시는구나!' 하고 느끼는 순간의 그 희열과 행복감은 이루 말로 다할 수 없었습니다. 주님의 사랑에 대한 확신은 바로 자신의 마음에서 비롯하는 것이었습니다.

내 몫의 나무 천 그루

작열하는 태양이 하얗게 내리쬐는 날에는 나무 그늘이 사막의 오아시스 못지않게 반갑습니다. 다가가기만 하면 언제나 품어 주는 나무는 우리가 필요하다면 모든 것을 아낌없이 내어 줍니다. 사람과 나무는 공생, 공존의 관계이지만 언제부턴가 사람들의 잘못으로 평형 균형이 깨어졌습니다. 지구 온난화 현상으로 생태계에 변화가 일어났습니다. 이 지구 온난화의 주범인 온실가스를 줄이려면 최우선으로 나무를 심어야 한다고 합니다.

얼마 전 환경 단체인 '생명의숲'에서 '내가 뿜은 탄소, 내가 거둔다.'는 표어를 내걸고 한 번의 결혼식에서 발생하는 탄소량(하객들의 교통 이용, 피로연, 이삿짐 운반 등)의 중립을 위해 필요한 나무 80그루를 구입할 금액을 기부하는 '환경 결혼 프로젝트 러브 그린 love green' 이야기를 들었습니다. 결혼식을 치르는 데 그토록 많은 양의 탄소가 발생한다는 것에 무척 놀랐습니다. 그리고 한 인간이 아름다운 별 지구에서 일생 동안 숨 쉬는 데는 나무 천 그루가 필요하다는 것도 알았습니다.

알고 나니 부끄러웠습니다. 나름대로 에너지 절약, 자원 절약을 염두에 두고 오래전부터 노력해 왔으니 별로 공해를 일으키지 않고 살았다고 생각했는데 그게 아니었습니다. 제가 물려받은 상태 그대로 공기를 오염시키지 않으려면 적어도 '나무 천 그루'를 심어야 한다니 아득했습니다. 지금까지 나무 몇 그루를 심었는지…. 지난날 식목일 행사에서 묘목 몇 번 심은 것이 스무 그루쯤 된다면 제 몫의 천 그루 가운데 나머지 980그루는 오롯이 빚으로 남는 셈입니다.

'나로 인해 누구도 상처받지 말고 어떤 것에도 피해를 입히지 않고 일생을 살다가 떠났으면….' 했던 희망이 턱

없는 오만에 불과하다는 것, 그리고 삶이 곧 큰 빚을 안고 사는 것임을 깨달은 것입니다.

나무뿐이 아닐 것입니다. 스쳐 지나간 자리마다 상처 내고 채우지 못한 자리를 남기고 갈 것입니다. 나약하고 무지해서 죄를 짓고 살 수밖에 없는 불쌍한 우리 곁에 주님이 계심은 큰 위로가 아닐 수 없습니다.

또 하나의 행복

얼마 전부터 성경 쓰기를 시작하였습니다.

매일매일 성경을 옮겨 쓰면서 시작하기 전에 전혀 기대하지 않았던 행복감에 젖어 들기 때문에 성경을 필사하도록 인도해 주신 분께 감사하지 않을 수가 없습니다.

부끄러운 일이지만 저는 그동안 성경을 처음부터 끝까지 정독하지 못했습니다. '성경을 제대로 한 번은 읽어야 할 텐데….' 하면서도 '지금은 읽을 시간이 없으니 다음에 읽어야지.' 한 것이 십 수년, 그런 상황이니 성경 쓰기는 저처럼 미진하고 게으른 신자와는 거리가 먼 일이라 꿈에서조차 생각하지 않았습니다.

그리고 이제는 저도 노년에 이르러 눈도 손목도 부실

해지고 정리하고 마무리해야 할 일이 많아 새롭게 무얼 시도한다는 것은 더욱 불가능하게 느껴지면서, 오래 가슴에 담아 두었던 성경 정독도 놓아 버릴까 했습니다.

그런데 남편과 사별하고 홀로된 저에게 도움이 될 것이라 생각한 어떤 분이 성경 쓰기 노트를 보내 주셨습니다. 선물 포장을 풀고 '바인더 쓰기 성경'을 대하는 순간 기쁨과 부끄러움으로 가슴에 '쿵' 하는 소리가 울렸습니다. 동시에 선뜻 다가갈 수 없을 것 같다는 부담도 생겼습니다. 보내 주신 분의 정성을 보아서라도 시작은 해야겠는데 미루는 버릇은 여전하여 또 차일피일이었습니다.

그러던 중 제 축일에 그 선물을 보내 주신 분과 만나게 되었습니다. 만나자마자 아직까지 성경 필사를 시작하지 못했다고 자백하는 저에게 그분은 영명 축일인 오늘 시작하면 좋을 것이라고 했습니다. 그 고마운 뜻을 새겨 저는 용단을 내리고 그날 바로 시작하였습니다.

이상했습니다. 제 의지와 상관없이 마지못해 시작했는

집으로 가는 길 51

데도 정신없이 빠져들게 되고 충만감이 생기며 기뻤습니다. 그리고 그날부터 오늘까지 매일 한두 시간 성경과 만나는데, 펜을 놓을 때는 언제나 아쉬움이 남습니다.

몸 상태가 무리할 수 있는 처지도 아니고 출근을 해야 하기에 나름 바빠서 시간에 쫓기긴 하지만 성경을 쓰는 동안은 늘 느긋하고 행복했습니다.

이런 방법으로 주님께서는 저를 주님 가까이 더 다가갈 수 있도록 해 주시니 지금 이 순간에도 제 생애에 성경 쓰기 기회가 주어진 사실이 감사해서 가슴이 뻐근합니다.

인간 능력의 한계

올림픽에 출전한 선수들이 보여 준 스릴과 즐거움 덕분에 지난여름 무더위는 가볍게 보낼 수 있었습니다. 보는 동안 가슴 졸이고 용을 쓰며 안타까워하기도 하고 벅찬 감동에 환호하면서 경기를 보다가 순간순간 '인간 능력의 한계가 어디까지일까?' 하는 의구심이 들기도 하였습니다. 자신을 수없이 담금질하면서 기록 갱신에 전력투구하는 선수들의 노고에는 평온하고 안일한 생활만을 희구하는 보통 사람의 잣대로는 감히 상상할 수조차 없는 피나는 노력이 따랐을 것입니다.

패자와 승자로 나누어지는 스포츠 경기를 볼 때마다, 선수들은 스스로 능력의 한계를 한 계단 높이기 위해 치열한 자기 싸움을 하고 있다는 생각이 들었습니다.

'인간 능력의 한계'를 말하다 보니 갑자기 20여 년 전, 막시밀리안 콜베 신부님에 대한 영상을 보고 난 후 잠시 사고의 혼란이 일었던 때가 떠오릅니다. 세례받은 지 얼마 되지 않았고, 신앙에 대한 깊이도, 지식도 얕은 상태여서 그랬을까요.

영화 끝머리에, 아우슈비츠 수용소에서 콜베 신부님이 대신 목숨을 바친 덕에 살아남은 현존 인물이 당시 상황을 울먹이며 증언하는 모습을 보면서도 남을 위해 내 목숨을 바친다는 게 인간은 할 수 없는 일이라고 여긴 저는 심정적으로 그 사실을 받아들이지 못했습니다.

그러나 범상한 인간의 한계를 뛰어넘은 사랑을 보여 준 콜베 신부님 이야기는 감동과 충격으로 지금까지 잊히지 않고 생생하게 기억에 남아 있습니다.

지금 제 자신에게 물어봅니다. '사람이 어떻게 하나뿐인 자신의 목숨을 남을 위해 선뜻 내어 줄 수 있느냐? 이런 일이 인간으로서 가능하다고 보느냐?' 그러면 갈등하던 지난날과는 달리 주저하거나 회의하지 않고 자신 있게 이렇게 답할 것입니다.

"주님께서 함께하신다면 무슨 일이든 가능하지요. 신앙을 지키기 위해 기꺼이 목숨을 바친 수많은 순교자를 보면 알 수 있어요."

순교 정신과 스포츠 정신, 인간 능력의 꼭짓점에서 그들은 모두 하느님을 우러르지 않았을까요?

보잘것없는 존재에 대한 사랑

날씨가 쌀쌀해졌습니다.

찌그러진 양은 대야에 따뜻한 물을 받아 발을 담급니다. 그러면 싸늘해진 몸에 온기가 돌고 마음도 포근해집니다. 그러나 이 양은 대야는 누가 봐도 버리라고 할 정도로 낡고 볼품이 없습니다. 가끔 집안 살림을 정리하기 위해 아끼던 물건도 이웃에게 나누어 주고 재활용품으로 내어 놓기도 하는데, 보통의 경우라면 마땅히 버려야 할 하찮은 물건을 버리지 못해 실소를 금하지 못할 때가 있습니다.

버리는 일에도 요령과 용기가 필요하다고 합니다. 저는 그런 요령과 용기가 부족하다는 것을 알고 있기에 쇼핑도 즐기지 않고, 어쩌다가 사고 싶은 물건이 있어도 사용하다가 버릴 때를 먼저 생각해서 사지 않기도 합니다. 그런데도 버려야 할 물건이 쌓입니다.

정리할 물건이 새 주인을 만날 가능성이 있는 것은 처리하기가 좀 쉽습니다. 하지만 제 손에서 떠나면 곧바로 쓰레기 더미로 갈 수밖에 없는 물건은 어떤 인연으로든 제게로 와서 정이 든 것이기에 제 손으로 폐기 처분하는 게 마음이 편치 않아 버리지 못하고 그대로 품고 맙니다.

70년대 초, 처음 아파트에 입주했을 때 어머니께서 사 주신 것 중에 가장 값이 싼 양은 대야와 냄비를 저는 지금까지 사용하고 있습니다. 그동안 수없이 '버리자, 버리자' 했건만 어느 그릇 못지않게 애용합니다. 값으로 따지자면 폐지보다 못한 값어치에 외관상으로도 보기가 좋지 않습니다.

그런데도 행주를 삶을 때나 따뜻한 물에 발을 담그고 싶을 때면 어김없이 찾습니다. 찌그러진 냄비와 대야를 통해 가끔은 어머니의 자상하고 단아하신 모습이 떠오르기도 하고, 넉넉한 웃음을 지녔던 남편의 체온을 느끼기도

하니 이제는 버릴 수 없는, 오히려 오래오래 간직하고 싶은 물건이 되었습니다.

　초라하고 보잘것없다고 해서 가치가 없는 것이 아니며, 사랑받지 못할 이유도 없습니다. 이 세상 존재하는 어떤 것에 가치를 부여하면 부여한 가치만큼 사랑받을 수 있는 것입니다.

끝이 없는 길

'집으로 가는 길'을 통해 신앙 월간지 독자들과 만나게 되었을 때의 가슴 설렘은 1년간의 연재가 끝날 때까지도 계속되었습니다.

모든 인연에는 나름의 사연이 있고, 만남에 따른 설렘이 있으며, 관계가 계속 이어지면서 기쁨과 즐거움이 쌓이다가 어느 날 헤어지게 되었을 때는 새삼스럽게 지나온 날에 최선을 다하지 못한 것을 후회하면서 아쉬워합니다, 저 역시 마찬가지입니다. 생활성서사에서 펴낸 『뒤늦게 만나 사랑하다』 원고를 쓰면서 그곳에서 펴내는 신앙 월간지와 인연이 되어 '집으로 가는 길'을 쓰게 되었습니다. 그런데 이제 그 길에 제대로 책임을 다하지 못한 아쉬움을 남기며 이별하게 되었습니다.

지난해 대림 제1주일 성당에서 받은 대림환을 안고, 텅 비어 있는 집을 향해 걸어갈 때의 가슴 떨림은 지금도 잊을 수 없습니다. 그 느낌은 남편을 보내고 외로움의 고통에서 허덕이는 저를 주님께서 보살펴 주신다는 확신을 갖게 해 주신 은총의 예시였습니다. 바로 '집으로 가는 길'을 쓰기로 마음먹었던 때였으니까요.

어떻게 보면 짧기도 하고 한편으로 생각하면 길기도 한 열두 달, 제 마음조차 채울 수 없는 글이어서 괴로워한 적도 있었지만 어쩌면 이 글을 읽은 몇 분에게는 감성적으로 겨자씨만 한 보탬이 되었을지도 모른다는 기대감이 들어 행복하기도 하였습니다.

그러면서 저는 서서히 변해 갔습니다. 항상 주눅 들어 주님 가까이 다가가지 못하고 변죽에서만 어슬렁거렸는데 '집으로 가는 길'을 쓰면서, 그리고 성경을 쓰기 시작하면서 변죽이 아닌 주님 가까이 가고 싶어진 것입니다. 사랑을 시작한 것이지요.

사랑하면 드러내고 싶어지고 무엇인가 해 주고 싶

고…, 그래서 성경 쓰기를 자랑하고 올 가을에는 피정을 두 번이나 다녀왔습니다. 이런 일은 지금까지의 저에게는 없었던 일이었습니다. 그것은 바로 주님을 사랑하게 된 제 마음의 표현이었습니다.

'집으로 가는 길'은 글을 떠나서도 계속될 것입니다. 그 길은 이 생명 다하는 날까지 가야 될 '주님을 향해 가는 길'이기 때문입니다. 그것을 깨달은 것은 참으로 큰 은혜였습니다.

발견의 기쁨

나이 듦도 은총입니다

새해를 맞았습니다. 또 한 살 나이를 보탭니다.

한 살을 보태고 보니 일흔이라는 숫자가 가슴에 아프게 들어옵니다.

일흔이라는 나이, 저 자신과는 상관없는 먼 나라 일처럼 실감 나지 않습니다. 그러나 제 것이 분명하니 겸허하게 받아들이려 합니다.

20대 때 저는 쉰 살까지만 살겠다고 했습니다. 우리 어머니만 빼고 저를 포함한 모든 여성이 다 50년만 살았으면 했습니다. 지금 생각하면 왜 그런 생각을 하게 되었는지 참으로 어처구니가 없습니다. 철없는 20대에 심오한 인생에 대한 고뇌도 없이 그저 막연하게 50년이면 적당하게 살 만큼 산 기간인 것 같았습니다. 그리고 그 나이쯤에는 아직 여성으로서 아름다움은 간직하고 있을 것이며, 사랑받고 아쉬워할 때 떠나야 떠난 후에 남은 가족이 애석하게 생각하여 오래오래 기억해 줄 것이라고 믿었기 때문입니다.

그러나 우리 어머니만은 예외였습니다. 우리 어머니는 여든까지 살아야 한다고 자신에게 우겼습니다. 어머니가 여든까지 사셔야 하는 이유는 저와 29년 나이 차이가 있으니 제가 쉰 살 될 때까지 어머니는 살아 계셔야 한다고 생각했기 때문입니다.

마흔여덟에 갑자기 아버지를 떠나보낸 어머니는 그때까지 세상 물정 모르는 우물 안 개구리처럼 사셔서 할 수 있는 일이 아무것도 없었습니다. 병약한 데다 배운 것도 모자라 생활 전선에 뛰어들 용기도 없어서 기껏 하신다는 것이 재산을 줄이면서 겨우겨우 살아가는 것이었습니다.

그렇게 사시는 어머니의 가장 든든한 백은 하느님이셨고 그래서 기도를 통해 주님께 의지하며 사실 수밖에 없었습니다.

　제가 본 어머니의 모습은 밤이면 촛불을 켜고 묵주 기도를 하시고, 추운 겨울에도 새벽 미사에 빠지지 않는, 연약하면서도 강건해 보이는 여인이었습니다. 그 기도로 우리를 돌보시며 늘 함께하셨기에 저는 결혼하지 않고 어머니와 살다가 어머니와 비슷한 시기에 함께 이 세상을 떠나고 싶었습니다. 그렇게 해서 '어머니는 여든, 저는 쉰 살까지'였던 것입니다.

　그런 어머니는 제가 바란 여든보다 일곱 해를 더 사시고 돌아가셨습니다. 어머니와 비슷한 시기에 세상을 하직하고 싶어 한 저는 어머니를 보내고도 아무렇지 않게 10년 넘게 더 살아, 이제는 쉰에서 스물을 보탠 일흔이 되었으니 그 쉰까지만 살겠다고 한 젊은 날의 만용이 어처구니없기만 합니다.

　얼마 전, 지난날 썼던 원고를 정리하다가 「도둑맞은 시간」이란 수필을 보게 되었습니다. 그 수필은 공교롭게도 나이 쉰이 되던 해에 쓴 것으로 내용 어디에도 50년만 살겠다고 한 비장한 마음은 추호도 비치질 않았습니다. 오히려 50년을 살아 놓고도 그 햇수를 인정할 수 없다면서 수십 년을 도둑맞은 듯해서 억울하다는 내용이 담긴 글이었습니다.

그리고 앞으로 살아야 할 날들에 대한 새로운 시각과 각오가 담겨 있었습니다. 앞으로 남아 있는 시간에 할 수만 있다면 사랑하는 사람을 사랑하는 데 미진함이 없도록 모든 것을 바치고 싶다고 했고, 할 수만 있다면 슬프고 외로운 사람에게 기쁨을 줄 수 있는 일을 하는 데 시간을 바치고 싶다고 했습니다. 그리고 할 수만 있다면 많은 사람의 가슴 한 자락을 감성으로 적실 좋은 작품을 쓰는 데 바치고 싶다고도 했습니다. 그러노라면 결코 시간을 도둑맞았다는 생각은 들지 않을 것이라면서 이전과 다른 좀 더 성숙한 삶의 길을 가겠다는 결의가 담겨 있었습니다.

그러나 '할 수만 있다면'을 전제해서인지 그로부터 20년이 지나 되돌아보니 그때 소망했던 바를 제대로 이룬 것이 하나도 없었습니다. 하지만 분명한 것은 그때 처음으로

'나이 듦도 은총'이라고 생각했고, 나잇값을 하기 위해서 기필코 달라져야 한다면서 부정적이고 비판적으로 보던 세상을 긍정적이고 대범하게 마음의 문을 열고 세상과 사람을 대하자고 결심하여 실행에 옮겼습니다.

그렇게 노력하며 살다 보니 수십 년 앓아 온 신경성 위장병도 사라졌고 마음이 한결 편안해지며 성당에도 열심히 나가게 되었습니다. 나이 들어 생각을 바꾼다는 것이 얼마나 은혜로운 일인지 그때 깨달았습니다.

최근 들어 다시 나이 듦이 은총이라는 생각을 하게 되었습니다. 크나큰 시련을 극복한 후에 얻은 평온함, 자연의 아름다움에 가슴이 떨리는 열정, 주위 사람과 신뢰와 사랑으로 소통하는 마음의 여유, 한 톨 씨앗에서 생명력을 보는 마음, 그리고 눈에 보이지 않는 공기와 바람의 오묘한 조화에 감동을 느끼는 마음까지, 주님께서 주셨기에 살아 있음이 아름답고 감사하였습니다.

큰일에 감사하다고 생각하니 작은 일도 감사했습니다. 한번 감사의 마음을 가지니 모든 것이 감사하고 소중하지 않은 것이 없었습니다.

 지금까지 살아오면서 요즘이 삶의 정점에 다다르고 있다고 느낄 정도로 자연의 아름다움과 사람과의 소중한 인연 그리고 주님의 사랑을 온몸으로 받아들이고 있습니다. 그것은 나이가 들면서 주님께로 다가가고 싶은 열망과 더불어 얻게 된 삶의 기쁨이기에 이토록 평화롭고 넉넉한 마음으로 세상을 보며 매사에 감사한 마음을 갖게 된 것 같습니다. 그래서 이제 나이 먹는 것을 두려워하지 않고 은총으로 받아들이려 합니다.

사랑하기 때문에 눈물이 납니다

사랑의 의미를 생각해 봅니다. 40여 년 작가로 살면서 무수히 생각해 보았지만 사랑의 의미를 한마디로 '이것'이라며 자신 있게 내놓을 수 있는 답은 아직까지 찾지 못했습니다. 살아오면서 사랑이라는 그릇에 담겨지는 것은 한결같지 않아 나이에 따라 환경에 따라 무게도 빛깔도 형상도 달랐습니다. 그런데 요즘 자주 드는 생각은 '사랑하기 때문에 눈물이 난다.'입니다.

'사랑과 눈물…' 갑자기 1970년대에 유행했던 노래 한 구절이 떠오릅니다. "사랑이 무어냐고 물으신다면 눈물의 씨앗이라고 말하겠어요."라는 노랫말. 사랑이 눈물의 씨앗이라니 얼마나 적절한 표현인지 새삼 감탄합니다. 막상 그 노래가 유행하던 때에는 별 감동 없이 지나쳤는데 30여

년이 더 지난 즈음에서야 그 가사를 음미하며 공감하는 것은 사랑하는 마음이 눈물샘을 자극한다는 것을 뒤늦게 알았기 때문입니다. 비단 남녀 간의 사랑뿐만 아니라 가족 간 사랑, 이웃에 대한 사랑 등 어떤 사랑이든 사랑을 가슴에 담고 생각하다 보면 어느새 눈물이 흐르곤 하였습니다.

지난 연말에는 전혀 예상하지 못한 일에서 사랑하기 때문에 눈물을 흘리는 사람을 만났습니다. 그는 직장과 가까이에 있는 보육원 학생들을 위해 '책과 함께하는 즐거운 책 놀이' 행사를 계획하여 동화를 연극으로 만들고, 아이들에게 연극을 지도한 40대 연극인이었습니다. 그는 다복한 가정의 두 아이 엄마로 놀이극을 연구하면서 농어촌 어린이와 저소득층의 공부방 아이들에게 건전한 놀이 문화를 통해 더욱 즐겁고 유익한 생활을 할 수 있도록 지도하고 봉사하는 분이었습니다.

처음 그는 아이들이 반항적이고 배타적이어서 좀 힘이 든다며 어려움을 토로하기도 했습니다. 그런데 시간이 흐르면서 부모와 이별한 상처를 바위보다 더 무겁게 가슴에 안고 사는 아이들의 불행을 아파하며 아이들을 가슴으로 품었습니다. 연습이 반복되면서 아이들에 대한 이해와 사랑이 깊어지자, 그는 아이들을 생각하면 가슴이 저리다며 저에게 가끔 눈물을 보이기도 하였습니다.

공연이 가까워진 어느 날 눈이 부은 채로 나타나 "연습을 마치고 집으로 돌아가서도 아이들을 생각하면 눈물이 나곤 해요. 이런 나를 보고 남편은 '그렇게 마음 아픈 일은 하지 말아야지 왜 하냐'고 하지만, 그 아이들은 우리 사회가 보듬어야 할 아이들이잖아요. 정든 사람과 헤어지는 것을 싫어하고 겁내는 아이들이에요. 할 수만 있다면 행사 끝난 후에도 아이들과의 만남이 지속될 수 있는 프로그램을 구상해 보려고 해요." 하며 눈시울을 붉혔습니다.

처음에는 무조건 도전적이어서 정이 가지 않던 아이들과 힘겨루기로 피곤한 시간을 보내다가 어느 순간 이해하고 사랑하게 되면서 아이들이 안쓰러워 눈이 붓도록 운 그. 사랑하기 위해서는 시간과 노력이 필요하고 남의 눈에 하찮게 보이는 사랑일지라도 사랑이 깊어지면 그 어떤 사랑 못지않은 값진 눈물을 담고 있음을 그에게서 본 것입니다. 그리고 참회하는 마음으로 지난날 그 나이의 저를 떠올려 보았습니다.

40대의 저는 남을 위해서 울지 않았고, 저와 상관없는 일에는 아예 관심을 갖지 않았습니다. 작가로 연극인으로 직장인으로 그리고 주부로서 잘난 사람이 되고 싶은 욕심이 가득해서 주변을 돌아볼 마음의 여유가 없었습니다. 네 가지 역할 중 어느 것 하나에도 스스로 흡족할 수 없었기에 늘 불만에 차 있었고, 몸은 빼빼 말랐습니다. 그리고 남에게 눈물을 보이는 것이 싫어서 남편 앞에서도 눈물을 보이지 않으려고 어쩌다 울고 싶을 때는 욕실에 들어가 문을 잠가 놓고 울었습니다. 그러니 타인을 위해서 눈물을 흘린다는 것은 매우 어려운 일이었습니다. 아마도 사랑하는 데 너무나 인색해서 눈물이 메말랐었나 봅니다.

그런데 요즈음 달라졌습니다. 어쩌면 그리도 눈물이 많아졌는지, 지난날 울지 않던 제가 오히려 이상할 정도입니다. 가슴에 담고 있는 사람이 그리워서, 함께 웃고 이야기하며 바라볼 수 있는 아이들이 고마워서, 그리고 삶이라는 무거운 짐에 짓눌려 허덕이는 숱한 사람들이 가련해서 눈물이 납니다. 그리움과 고마움과 가련한 마음은 사랑에서 비롯되고, 그 사랑이 닫혀 있는 제 눈물샘을 자극해서 어느 순간 마음을 열게 하여 울린 것입니다.

    시간이 흐를수록 그리움은 더욱 짙게 될 것이고, 고마운 사람은 더욱 많아질 것이며, 가련한 사람은 제 마음을 더욱 아리게 할 터이니 지금보다 앞으로 더 많이 울게 될 것입니다. 이제부터는 울고 싶을 때는 때와 장소를 가리지 않고 울 것입니다. 눈물을 흘리는 것은 서러워서가 아니라 사랑하는 마음에서 나타나는 현상이기에 부끄럽지 않기 때문입니다.

    때로는 십자가에 매달리신 주님께서 우리에게 주신 사랑을 생각하면서도 울컥 눈물을 삼키기도 하였습니다. 작은 사랑을 안고도 이렇게 눈물이 나는데 우리를 한없이 사랑하셔서 우리 죄를 대신하여 당신 아드님을 십자가에 못 박히게 하신 하느님께서는 우릴 위해 얼마나 많은 피눈물을 흘리셨을까 상상해 봅니다.

발견의 기쁨

시시한 삶도 시시한 사람도 없습니다

기축년己丑年 새해 벽두에 날아든 감성의 축은 '시시한 삶도 시시한 사람도 없다.'였습니다.

정월 초하룻날에는 신문을 보지 못하고 그 이튿날 온 조간신문을 들고 첫 장을 펼치자마자 '시시각각'이라는 칼럼에 담긴 「나의 시인 친구가 외치는 꿈과 희망」이라는 글이 눈에 들어왔습니다. 그 글에서 느낀 잔잔한 감동이 가슴 떨리게 하여 잠시 기도하는 마음으로 가만히 있어야만 했습니다.

내용은 키 185센티미터, 몸무게 80킬로그램의 활달하고 문학 좋아하는 건장한 청년이 결혼식을 일주일 앞두고 교통사고를 당해 목 아래로는 아무 감각이 없는 전신마비 상태로 20년을 살아온 그 필자의 친구 이야기였습니다.

그 친구는 단 5분만이라도, 한쪽 손이라도 사용할 수 있었다면 자신의 삶을 마감하고 싶었던 순간이 부지기수였다고 합니다. 그런데 그의 삶을 곁에서 지켜보며 소중히 생각하고 사랑하는 사람 덕분에 시인이 되어 시집도 내고 산문집도 냈습니다. 또한 퀴즈 대회에 나가 1등 하겠다는 꿈도 지니게 되었습니다. 이제는 어떤 어려움이 닥쳐도 포기하지 말고 꿈을 지니며, 희망을 버리지 않아야 한다고 외치면서 '세상 어디에도 결코 시시한 사람도, 시시한 삶도 없다.'고 굳게 믿는다고 했습니다.

 이 글은 한동안 머리에서 떠나지 않았습니다. 마우스 스틱을 입에 물고 타자를 쳐 당당하게 신춘문예로 등단한 그 시인과, 아들을 극진히 간호하며 뇌출혈로 세상을 떠날 때까지 수천 개의 종이학을 접은 시인의 어머니, 그리고 봉사자로 컴퓨터를 가르치다가 수녀의 꿈을 접고 그의 아내가 된 여인, 또 그 시인을 자랑스럽게 생각하며 신문에 글을 올린 시인의 친구, 가끔 그들이 오늘날 신산辛酸한 삶에 지쳐 있는 사람들에게 한줄기 생명수를 준 아름다운 사람들이라고 생각하였습니다.

그러고는 50여 년 전 대학 다닐 때 본 「길」이라는 영화가 떠올랐습니다. 주인공은 순진하고 바보스럽지만 눈이 아름다운 가녀린 처녀 젤소미나와 덩치 크고 우악스러우며 인정 없는 떠돌이 차력사 잠파노입니다. 집안이 너무 가난했던 젤소미나는 잠파노의 조수로 그를 따라다니며 무슨 일이든 하면서 그의 눈에 들려고 노력합니다. 그러나 그는 젤소미나를 계속 무시하고 구박했기 때문에, 젤소미나는 자신이 쓸모없는 인간이라며 슬픔에 빠집니다.

이때 함께 일하는 곡예사 나자레노가 바닥에 깔린 조약돌을 가리키며 "이 조약돌도 쓸모가 있어서 여기에 있다. 우리는 그 쓰임새를 몰라도 이걸 만드신 조물주는 다 알고 있으며 세상에 쓸모없는 것은 조물주가 만들지 않는다." 하고 위로합니다. 그 말을 들은 젤소미나는 자신도 쓸모 있는 사람이 될 수 있다는 희망으로 조약돌을 집어 들고 맑게 웃습니다. 젤소미나의 그 얼굴과 그 말의 의미가 새롭게 다가왔습니다.

사람은 모두 평등하다고 하지요. 그래서 흔히들 '사람

위에 사람 없다.'라고도 합니다. 그러면서도 사람들은 곧잘 등급을 매겨 그 올가미 안에서 반목하고 괴로워합니다.

    소시민으로서의 삶을 그럭저럭 살아가는 저 자신도 어렸을 때부터 사람은 평등하다고 배웠고, 그렇게 믿으며 지금도 그 생각에는 변함이 없지만, 종종 머리와 가슴의 생각이 다를 때가 있습니다. 때로는 잘난 사람을 부러워하고, 간혹 사람대접 제대로 하지 않는다고 섭섭해 하기도 하며, 살아가는 방법이 못마땅하다고 주변 사람들을 경원시하기도 합니다. 나름대로 모두 열심히 치열하게 사는데 평등하다고 생각하면서 왜 어떤 잣대로 재어 그렇게 생각하는지 알 수 없습니다.

    가끔 퇴근길 좁은 골목길에서 청소차를 만납니다. 차에서는 냄새가 나고 미화원이 쓰레기봉투를 차에 던질 때 혹시 잘못되어 내게로 쓰레기가 튀어 올까 봐 공포감이 생겨 되돌아가거나 코를 막고 뛰어가고 싶어집니다. 그러나 참습니다. 그 쓰레기를 만지며 차에 싣고 함께하는 사람도 있는데, 그들이 있어서 거리가 깨끗해지고 쓰레기 더미와 함께 살지 않을 수 있으니 고마워해야지, 고개를 돌리고 피해 달아나는 것은 도리가 아니라면서, 겉으로 내색은 않지만 속으로는 뛰고 싶고 코도 막고 싶고 괜히 이 길로 왔다고 후회하면서 되도록 숨을 참으며 걸음을 재촉합니다. 위선이지요. 오히려 솔직하게 코를 막고 뛰어서 빨리 그 자리를 벗어나는 것이 양심적이지 않을까 하는 갈등이 생기곤 하였습니다. 미화원이 하는 일도 가치 있고, 미화원 그분도 가정이나 사회에서 소중한 사람인데, 한순간이지만 함부로 생각한 것 같아 반성도 하였습니다.

그러나 그들의 삶을 추호도 시시하다고 생각하지 않았으며 시시한 사람이라고 생각해 본 적이 없습니다. 거리를 방황하는 노숙자들과 보이지 않는 곳에서 궂은일을 하는 분들, 그들도 나름대로 자신의 삶을 치열하게 살아왔고 살아가고 있을 것이기에 어느 누구도 감히 시시하다고 생각할 수 없지요.

전신 마비 시인이 외쳤듯이 세상 어디에도 결코 시시한 사람도 시시한 삶도 없습니다. 주님께서 만드신 모든 것은 소중하고 가치 있는 것이기 때문입니다.

부끄러운 자랑도 기쁨입니다

이렇듯 자랑스러울 수가 없습니다. 이렇듯 기쁠 줄 몰랐습니다. 당연히 해야 할 일, 누구나 할 수 있는 쉬운 일인데도 제가 한다는 사실이 대견해서 자랑을 합니다. 그러다가도 곧 부끄러워집니다. 부끄러운 자랑이지요. 그런데도 가슴 벅차서 1년 동안 기쁘고 행복하였습니다.

지난해 가타리나 성인 축일에 평소에는 전혀 생각지도 않았던, 정말 제 의사와는 상관없이 누군가에게 끌려가듯 성경을 쓰기 시작하였습니다.

학창 시절부터 40대에 들어서기까지 생각나면 한 번씩 성당 문턱을 들락거리면서 어설프게 천주교 신자 노릇을 하다가 겨우 세례받아 성체를 영할 수 있게 된 것이 25

년여, 그동안도 반신반의하여 숱하게도 신앙을 저울질하며 영성적으로 너무나 부족하게 살아온 나날이었습니다. 어쩌면 그리도 믿음에 대한 확신이 없었는지…. 확신이 없으니 감동도, 가슴 뜨거움도 느껴 보지 못했습니다.

그러나 마음을 열고 성경을 가슴에 안았더라면 갈등으로 낭비하지 않고 평화롭고 행복한 시간을 가졌으리라는 것을 성경을 쓰는 행복에 빠지고서야 깨달았습니다.

어째서 성경 쓰기는 저와 상관없는 먼 일로 생각했을까요? 왜 보통 사람은 실천하기 어려운, 신심 깊은 특별한 사람만 할 수 있다며, 주일 미사에도 겨우 참여하는 나 같은 사람은 언감생심 다가갈 수 없다고 생각했을까요?

부활 시기에 임박해서 전혀 생각지도 않은 곳에서 날아든 가죽 케이스에 담긴 성경 쓰기 노트는 주님께서 보내신 선물 같아 놀랍고도 기쁘면서 한편으로는 어떤 부담감으로 주눅이 들었습니다. '매일 출근하면서 손목도 허리도 부실하고 잡다한 일에 쫓기듯 살아가는데 가능할까?' 자문하면서 섣불리 시작할 수 없다는 핑계로 차일피일 미루었습니다.

그러나 모든 것은 주님께서 인도하셨습니다. 제 축일 저녁 늦은 시간에 집으로 들어와 성경을 쓰기 시작하였고, 놀랍게도 쓰는 동안 편안하고 뿌듯하여 그만두고 싶지 않았습니다. 대중없이 성경을 쓰기 시작한 첫날엔 두어 시간 쓰고 나니 허리와 손목에서 무리했다는 신호가 왔지만, 어떤 성취감을 동반한 충만함과 행복감은 정말 예상하지 못한 크나큰 보너스였습니다. 그 보너스를 혼자 받아 침묵하기엔 너무나 강렬했기에 이 기쁨을 이웃과 나누고 싶어서 성경을 쓰고 있다고 자랑하게 되었습니다.

관심이 없으면 눈에 보이지 않는다고 하지요. 성경 쓰기를 시작하고 자랑하다 보니 이미 필사를 끝낸 선배, 한 번도 아니고 세 번을 썼다는 친구, 현재 진행 중이라는 자매들, 주변에서 이미 많은 사람이 나를 앞서갔고, 관심 갖고 보니 신문, 잡지, 심지어 주보에서까지 성경 쓰기에 관한 기사가 어찌 그리 많은지 놀라웠습니다. 제 자랑이 민망하고 부끄러웠습니다.

그러나 그 사실을 안 것과 그들을 만나 공감대를 가지

고 얘기하는 것이 즐거웠습니다. 그런데 궁금하였습니다. 그들은 왜 저처럼 겉으로 내보이지 않았을까요? 만약 그들 중 누군가가 제게 성경 쓰는 행복감을 얘기해 주었더라면 그처럼 지레 겁을 먹고 필사의 기회를 밀어내지만은 않았을 것입니다. 더 젊고 건강했을 때 시작했더라면 처음 쓰면서 아쉬웠던 점 보충해 가면서 여러 번 필사하면서 영육 간에 건강하고 행복하게 살 수 있었을 텐데…. 아쉽고 섭섭했습니다.

주님이 하시는 일, 주님께서 주시는 기쁨은 내놓고 말하지 않아도 저절로 느끼고 다 알게 되겠지요. 그렇더라도 저는 주위 사람들에게 제 부끄러운 자랑을 계속하려 합니다. 오래전에 다친 손목이 글을 써도 불편하지 않고, 혹시나 걱정했던 디스크를 앓았던 허리도 그 상태 그대로인데 과욕을 부리면 살짝 경고를 주시는 주님, 1년 동안 여행하느라 서울에 없었던 날을 제외하고는 몸이 아파도 밤늦게 귀가해도 건너뛰지 않았음이 또 자랑거리입니다.

성경을 쓰면서 주님 가까이 한 발 다가갔다는 확신도

갖게 되었고, 쓰기 전과 비교해서 일상생활이 달라진 것도 있습니다. 가장 두드러진 것은 휴식 삼아 꽤 즐겨 보던 텔레비전 연속극을 거의 보지 않는 것과 빈집으로 들어가는 것이 싫어 밖에서 시간을 보내려던 버릇이 퇴근하면 되도록 빨리 집으로 가고 싶어 서두르게 된 것입니다. 또한 늘 쫓기듯 조급하던 마음이 긍정적으로 넉넉해졌습니다. 그래서인지 누가 보아도 건강이 좋아졌다고 하지요.

스스로 한 가지 일을 이토록 오래 한 적도, 이렇듯 충만한 행복감을 느낀 적도, 그리고 이처럼 계속 자랑하고 싶은 마음이 일었던 적도 없습니다. 설사 자랑거리가 못될지라도 제 부끄러운 자랑으로 많은 사람이 성경 쓰기에 관심을 갖고, 그로 인해 쓰기를 시작한 사람도 있으니 그 보람도 기쁨입니다.

주님 자녀로 당연히 해야 할 일을 하면서 대단한 일을 한 것처럼 자랑한 것이 부끄럽긴 해도 자랑이나마 할 수가 있어서 1년 동안 행복했기에, 아마도 부끄러운 이 자랑은 계속될 것입니다.

마음을 열면 사랑이 보입니다

일 년 열두 달 가운데 가장 좋아하는 달은 5월입니다.

어렸을 때는 「어린이날 노래」를 신나게 부르면서 '5월은 우리들 세상'이라고 좋아했고, 성인이 되어서는 아름다운 5월의 신부가 되고 싶어서 5월을 사랑하였습니다.

어린이는 자라서 어른이 되었고, 5월의 신부는 희망사항으로 끝났지만, 그래도 신록이 좋아서 꽃이 아름다워서 부모와 가정과 스승을 떠올리게 하는 친근감 있는 달이어서 여전히 5월은 좋아하는 달로 남아 있었습니다. 그러다가 중년에 들어서는 5월을 더욱 좋아하게 되었습니다. 그 이유는 '가타리나'라는 세례명을 받아 천주교 신자가 된 것이 5월이기 때문입니다.

이렇듯 좋아하는 5월은 성모 마리아를 특별히 공경하

고 찬양하는 성모 성월이기에 더욱 의미가 있습니다. 성모님의 달이니 어머니의 달도 되고, 어머니의 달이면 사랑의 달이기도 합니다. 1년 중 가장 아름답고 좋은 시절, 황홀한 아름다움으로 지상의 모든 것에 충만한 어머니의 사랑이 온 누리에 퍼지는 사랑의 달이기에 어느 때보다 사랑에 대한 생각을 많이 하게 됩니다.

'사랑'이라는 단어만 떠올려도 가슴이 울렁이며 따뜻해지고 행복해지지요. 그러나 이 행복은 마음의 문을 닫으면 사라집니다. 사랑을 향한 마음의 문을 열면 행복을 얻게 되고, 많은 사람과 더불어 사랑하고 사랑받으며 평화로운 세상을 갈망하게 될 때, 사랑의 씨앗은 움트고 자라나 여기저기 행복의 꽃을 피웁니다.

지난 젊은 날 한때, 어처구니없게도 사랑을 계산하던 때가 있었습니다. 상대방으로부터 오는 사랑의 양量이 제가 보낸 양보다 적을까 봐 두려웠고 조심스러웠습니다. 영원한 사랑은 없다는데 자칫 잘못하여 상처받고 상처 주게 될까 봐 겁이 나서 주저했습니다. 그러다가 아예 주지도 말고 받지도 말자며 마음의 문을 닫아 버렸습니다.

한동안 그렇게 시간이 흘렀습니다. 공직 생활을 하면서 글도 쓰고, 연극하는 사람도 만나고 하니 주변에 이성 친구가 더러 생겼습니다. 호감이 가다가도 나름의 사랑 계산법으로 조정하여 일정 거리를 두고 잘 버티었습니다. 그러니 가슴이 뜨거워질 일도 없고, 새살이 돋아야 할 상처도 없었습니다.

더러는 내색하지 않고 혼자 좋아하고 그리워한 적도 있었지만, 닫힌 마음에서 사랑은 자랄 수가 없었습니다. 얼마나 바보였고 이기적이었으면 사랑을 계산하려 들었고, 사랑으로 상처받는 것이 겁이나 아예 마음의 문을 닫아 버리려 하였을까요?

이 닫힌 마음의 문을 열게 한 것이 주님께서 보내 주신 '가타리나'였습니다. 가타리나로 새로운 삶을 살게 되면서 사랑은 베푸는 것임을 조금씩 알게 되었습니다. 사랑해야 할 대상도 보였습니다. 내 가족만이 아닌 이웃, 그리고 사람만이 아닌 자연에도 사랑의 눈길로 다가가게 되었습니다. 주님 앞에서 인간의 사랑을 무게로 놓고 저울질한다는 것 자체가 부끄럽고 죄스러웠습니다.

아는 만큼 보게 된다는 말이 있습니다. 사랑을 해 본 사람이 사랑을 베풀 줄도 압니다. 그러니 사랑도 노력과 훈련이 필요한 것이지요. 누구나 마음에 사랑의 씨앗을 간직하고 있으며, 이 씨앗이 잘 자라게 하려면 마음의 문을 활짝 열어 씨앗에게 바람도 맞게 하고 태양도 받게 하면서 가꾸고 보살펴야 하는 것입니다.

잃음으로 얻게 되는 것일까요? 사랑하는 사람을 하늘나라로 보내고 오직 주님께 의지하고 보니 주위에 사랑해야 할 대상이 많이 보였습니다. 그리고 주변에 가난하고 병들고 외로운 사람들을 위해 사랑을 실천하는 분들의 모습도 보였습니다. 그분들의 박애 정신과 봉사심이 경이로우면서 가슴 저리게 다가왔습니다.

사랑을 저울질하고 아픔이 싫어서 사랑하는 것조차 피하려 했던 내 눈에, 사랑을 필요로 하는 가장 낮은 곳에 있는 사람들을 위해 자신의 삶도 건강도 돌보지 않고 혼신의 힘을 기울이는 이들이 보였습니다. '인간으로서 저런 일이 가능할까?' 하는 의아심까지 들 정도로 이웃 사랑을 실천한 이들이 바로 가까운 곳에 있음을 알았습니다. 마음을 열었더니 사랑이 보였고, 그 사랑이 가슴을 적셨습니다.

　이제 겨우 조건 없는 사랑을 하기 시작했고 그 결과에 무심할 수 있으며, 받는 사랑보다 주는 사랑이 더 기쁘다는 것을 어렴풋하게나마 깨달았습니다. 할 수만 있다면 깊고 넓은 사랑을 실천한 분들의 의롭고 뜨거운 가슴을 기억하여 사랑의 작은 실천이나마 해야겠다는 생각도 해 봅니다. 그러나 지금까지 그냥 살아온 자기 위주의 훈련 안 된 삶, 그리고 그렇게 계속 살 수밖에 없다는 자기 암시로 인해 자신이 없습니다.

　그렇지만 길가의 풀 한 포기에도 주변에 일어나는 작은 사랑에도 관심을 기울이려 합니다. 그리고 저 자신부터 사랑하면서 남을 위한 지극한 사랑은 베풀지 못해도 저로 해서 상처받는 사람, 불편을 겪는 사람이 없었으면 하는 바람으로 마음을 엽니다.

그리움의 불씨는 꺼지지 않습니다

산다는 것은 시간을 흘러 보내는 것입니다. 그리고 또 서로 바라보며 웃고, 사랑하며 함께 살던 사람들을 떠나보내는 일입니다. 시간을 보내고 사람을 보내고, 그러고는 그리움을 가슴에 담고 얼마가 될지 모르는 남아 있는 삶을 살아갑니다. 시간이 오래일수록 그리움의 영역은 넓어지고 한번 그리움의 대장에 등록되면 그것은 꺼지지 않는 불씨가 되어 시간과 장소를 가리지 않고 가슴을 에며 나타나고 싶을 때 어디서든 피어납니다.

돌아보니 제게 사랑을 주신 많은 분들이 떠났습니다. 부모님과 스승과 오라버니는 오래전에 떠나셨고, 얼마 전에는 남편과 친구 그리고 가깝게 지냈던 문단 선배도 보냈습니다. 이들을 생각하면 뭉클뭉클 그리움이 쏟아 내려 때로는 슬픔으로 때로는 아픔으로 삶을 다져 갑니다. 마음은 아리지만 사랑한 사람과 그리워할 사람이 있음으로 해서 또 하나의 아름다운 세상을 만나게 됩니다. 사람뿐만이 아닙니다. 한순간 추억이 담긴 장소와 그리운 사람과 함께 나누던 작은 물건도 그리움의 대상입니다.

몸이 아프거나 외로울 땐, 곧잘 어머니를 그리워합니다. 어머니의 모습을 그리다 보면 지난날 어머니와 가족이 함께 살던 집과 거닐던 거리, 그리고 어머니의 맛깔스런 솜씨로 만든 음식까지 그립지 않은 것이 없습니다. 어머니가 해 주신 해초무침이나 쑥국 한 모금이면 입맛이 돌아와 아픈 몸 훌훌 털고 일어날 수 있을 것 같습니다. 그리고 '옥아~' 하며 부르시는 어머니의 목소리를 들을 수만 있다면 외로움에서 벗어나 마음 넉넉하게 기쁨을 펼 수 있을 것 같아 눈물을 삼키곤 하지만, 그 그리움으로 해서 다시 힘을 추슬러 일어섭니다.

6월이 되면 생각나는 사람이 있습니다. 60여 년 전,

6·25 전쟁이 일어나던 해에 만난 우리 형부입니다. 저보다 열 살 위인 언니는 스무 살에 결혼해서 이듬해 형부를 전쟁터로 보냈고, 형부가 전선으로 떠난 후에 언니는 아들을 낳았습니다. 몇 번 만나지 못했지만 형부는 나이 어린 처제인 저를 무척 예뻐했고, 노래를 좋아해서인지 곧잘 「사의 찬미」와 동요도 불러 주셨습니다.

형부가 가끔 아주 가끔 특히 보훈의 달인 6월이 되면 보고 싶어집니다. 이 글을 쓰는 순간에도 열 살 때 만난 20대 형부 모습이 선명하게 나타나 그 시절의 한때를 그리워하게 됩니다.

형부가 생각날 때마다 감히 언니의 마음을 헤아려 보곤 합니다. 지금까지 한 번도 내색하지 않았지만 60년을 가슴에 담고 있는 형부에 대한 그리움의 색채는 어떤 것일까? 잿더미 속에 숨겨져 잘 보이지 않지만 뜨거운 불길을 품은 꺼지지 않는 진홍색 불씨일 거라는 생각을 했습니다.

스물한 살에 혼자된 딸이 안쓰러워 아버지는 언니를 재혼시키려고 하셨지만, 언니는 단호하게 거절했습니다.

'내가 낳은 아들과 재혼할 남편의 아이, 그리고 재혼한 두 사람 사이에서 태어난 아이, 이렇게 세 종류의 자식을 감당할 자신이 없다'는 게 재혼을 거절한 이유였습니다. 하지만 그것은 겉으로 드러난 이유일 뿐, 언니는 행방불명이 된 형부를 그리워하며 형부가 돌아올 날을 기다리고 있었던 것입니다.

아버지는 언니의 재혼을 포기하면서 그래도 소일거리는 있어야 한다며 조그만 가게를 마련해 주셨고, 언니는 그것을 기반으로 맏며느리로 시부모님을 모시고 가정을 꾸려 나갔습니다. 어린 아들을 키우면서 시동생들 뒷바라지와 함께 장수하여 치매까지 앓았던 시부모님을 끝까지 보살폈습니다.

이런 언니를 보고 주변에서는 '생불生佛'이라고도 하고 '푼수'라고도 했습니다. 나 역시도 '언니는 좀 바보스럽다.' 하고 생각한 적이 한두 번 아니지만, 언니는 언제나 담담하게 말없이 자신이 할 일을 하면서 형부의 소식을 기다리며 오늘에 이르렀습니다.

여든 살이 된 지금까지 아들이 혼인하고 손자를 본 뒤에 기일도 모르는 형부의 제사를 명절에 모시면서 찾아갈 묘소라도 있으면 좋겠다고 무심결에 내뱉은 말로 형부에 대한 그리움을 얼핏 내비쳤을 뿐, 언니는 더 이상 말이 없었습니다.

언니는 가톨릭 재단 학교를 다녔지만 결혼 후 불교 신자인 시어머니를 거스를 수 없어 성당에 다니지 못하다가 시부모님이 돌아가신 후 다시 성당에 나가면서 그 무엇보다 신앙생활을 우선으로 하며 주님을 믿고 의지하면서 살았습니다.

그런 언니에게는 형부에 대한 그리움이 주님께서 주신 선물인지도 모릅니다. 그 그리움은 언니에게 삶을 지탱하게 하는 버팀목이었고, 아들에 대한 각별한 사랑과 가족과 이웃을 위해 헌신할 수 있는 힘의 원천이었을 것이라는 걸 최근에 들어서 생각하게 되었습니다.

가슴에 묻힌 그리움의 불씨는 타인에겐 보이지 않습니다. 보이지는 않지만 우리는 이웃이 담고 있을 그 그리움을 이해하고 사랑해야 합니다. 저마다 그리움의 불씨를 품고 한순간 울컥 그리움을 쏟아 내면서, 세상을 사랑하고 사람을 또 사랑하게 되기 때문입니다.

그리움이 없는 세상, 그리움이 없는 메마른 가슴을 가진 사람들이 사는 세상을 상상해 보면 그리움을 안고 살아가는 사람들의 세상이 얼마나 아름다운지를 알게 됩니다. 이 아름다운 세상은 주님께서 그리움을 통해 우리에게 주신 큰 선물입니다.

나무는 하늘 우러르며
기도하듯 서 있습니다

 햇빛 눈부신 6월 어느 하루, '천리포 수목원'을 다녀왔습니다. 짧은 시간 100여 분 머문 수목원에서의 감동으로 며칠이 지나도 계속 가슴이 울렁였습니다. 수목원의 아름다움보다 더 아름답게 다가온 한 사람의 감동적인 삶 때문입니다.

 1945년 미 해군 통역 장교로 조용한 아침의 나라 한국 땅을 밟은 칼 밀러(Carl F. Miller, 한국 이름 민병갈)라는 스물네 살의 미국 청년이 한국의 아름답고 정겨운 산천과 순박한 인심에 매료되어 이 땅에 뿌리를 내리게 되면서 천리포 수목원이라는 보물이 우리 곁으로 오게 되었습니다.

 사람들은 계산적으로 맞지 않고 이해가 어려울 때 곧

잘 '하느님의 섭리'라고 말합니다. 일상적인 잣대로 생각하면 서해의 푸른 보석이라고도 불리는 18만 평$(0.59km^2)$의 아름다운 수목원을 한 개인이 이루어 냈다고 한다면 좀체 믿기지 않을 것입니다. 그러나 그것은 한국인이 아닌 한국인, 미국에서 귀화한 사람이 태안반도의 한 자락 척박한 땅에 30여 년 동안 재산과 정성을 바쳐 나무를 심고 가꾸어 조성한 것입니다. 한 사람의 힘으로 이루기에는 너무나 어려운 일일 것 같아 주님께서 그분을 보살펴 주셨을 것이라는 생각을 하게 되었습니다.

'민병갈'이라는 한 개인이 조성한 이 수목원은 2000년에 국제 수목 학회가 세계에서 열두 번째, 아시아에서는 첫 번째로 '세계의 아름다운 수목원'으로 인정했습니다. 국가적으로는 대단한 영광이고, 가까이 두고 볼 수 있는 우리에게는 큰 축복입니다.

이렇듯 세계적으로 인정받는 수목원이 돈 많은 재벌이 조성한 것도 아니고, 정부나 공공 기관에서 운영하는 것도 아니며 국민들이 모금이나 출자로 이루어진 것도 아닌, 한 개인이 출자해서 수십 년 끊임없는 노력으로 조성하여 운영되고 있다는 말을 듣고 감동하지 않고 감사하지 않을 사람은 없을 것입니다.

한낮의 뙤약볕도 수목원에 들어서자 맥을 못 추고 비켜 갔습니다. 흐르던 땀방울은 가시고, 상쾌함과 아름다움과 신비가 묻은 녹색의 정취는 인간의 메마른 가슴을 적셔 주었습니다. 사람과 사람의 관계에서 사람과 사람의 화합이 천혜의 자연 가운데 존재하고 있음을 느꼈습니다.

가슴이 뛰었습니다. 고인이 되어 수목원의 한 그루 나무 밑에 묻힌 그분의 넋이 수목원 구석구석을 돌아보며 수목원을 찾아온 이들에게 자연을 사랑하고 자연과 함께하면 불목하여 갈라지지도 않을 것이며 시기와 갈등은 용해될 수 있다고 가르치고 있는 듯했습니다.

우리가 사는 세상에서 인간의 궁극적 목적이 무엇일까요? 이 땅에서 태어나지 않은 외국인도 이 땅의 수려한 자연과 순박한 문화와 풍물에 취해 살 만한 곳이라며 전 재산을 투자하여 정성을 다해 수목원을 가꾸었고 세상을 하직할 때는 자신이 극진히 사랑한 제2의 조국에 그 수목원을 선물로 남겨 주어 우리로 하여금 소중한 것을 깨닫고 자연을 즐기도록 해 주었습니다. 그런데 조상 대대로 살아온 이 땅의 지킴이들, 특히 국민에게 존경받고 의지가 되어야 할 위정자들은 서민에게 기쁨을 주기는커녕 불신과 불안만 안겨 줍니다.

그러니 그들은 무엇을 얻기 위해 살며, 민병갈 원장이 남기고 간 선물과 그분의 한국 사랑, 자연 사랑의 정신을 알고나 있는지 궁금해졌습니다.

말년에 들어 민병갈 원장은 '조용한 아침의 나라'가 '소란한 대낮의 나라'로 변했다면서 씁쓸해했다고 합니다. 그 서글픔에는 평생을 가꾼 당신의 보물을 과연 이들에게 내어 주어도 될까 하는 일말의 회의가 묻었을지도 모릅니다.

수목원에서 보낸 시간은 짧았지만 많은 여운이 남았습니다. 조용하게 다시 찾아와 기적의 땅이라 부르고 싶은 이곳에서 며칠 지내며, '있는 그대로 자라는 그대로'인 나무와 꽃과 풀과 많은 얘기를 나누면서 자연에 동화되고 싶었습니다.

딸 혼수 비용을 마련해야 한다는 어느 소박한 촌부의 부탁을 들어주기 위해서 구입한 6천 평의 땅에서 시작해 자의 반 타의 반으로 사들인 황무지에 천리포 수목원을 조성하여 우리에게 수목원에서 자연과 함께 행복한 시간을 누릴 수 있게 해 준 '민병갈'이라는 한 사람의 능력은 참으로 위대했습니다.

그 위대한 사람이 가꾼 수목원의 나무는 뜨거운 뙤약볕을 가려 주며 우리를 품어 안고 하늘 우러르며 기도하듯 서 있었습니다. 평화로웠습니다. 천리포 수목원을 벗어나 서울로 돌아가서 불목의 세상과 부닥쳐야 하는 것이 싫어졌습니다.

대자연 속에서 인간은 너무나 보잘것없는데 왜 그렇게 극과 극으로 치달으며 '네 탓이다.'로 상대방 쪽박을 깨지 못해 안달하며 아우성인지, '내 탓이다.'는 어디로 숨어 버렸는지 안타까웠습니다.

이방인도 부러워하는 땅, 우리가 살고 있는 아름다운 이 나라의 평화를 위해서 나무처럼 하늘 우러르며 '네 탓'이 아닌 '내 탓'이라 기도하는 모두이길 바랐습니다.

당신의 작은 배려가
살맛 나는 세상을 만듭니다

'살맛 나는 세상!'

우리 모두가 꿈꾸는 세상입니다. 우리 모두가 꿈꾸는 세상은 우리 스스로 만들어 가야 합니다.

지금까지 살아오면서 '살맛이 난다.'라고 느꼈던 순간이 언제였을까요?

아마도 큰 행운을 얻었을 때보다 아주 보잘것없고 작은 일에서 살맛이 난다며 기뻐하고 행복을 느낄 때가 많았을 것입니다. 일일이 열거할 수 없지만 사탕 한 알에서, 꽃 한 송이에서, 말 한마디 같은 아주 작은 것에서, 그리고 남의 아기 옹알이를 어깨너머로 보면서도 행복을 느끼며 더불어 살아가는 의미를 찾기도 했을 것입니다.

며칠 전 퇴근길이었습니다. 후텁지근한 날씨로 불쾌지수가 높았고 지하철에는 승객도 많았습니다. 지하철이 도착하여 문이 열리는데 뒤에 서 있던 젊은이가 저를 밀치고 안으로 들어갔습니다. 빈자리는 보이지 않고 갑자기 피곤이 겹쳐 신경이 곤두섰습니다. 하지만 참고 출입문 손잡이를 잡고 서 있었습니다.

그런데 지금까지 보지 못했던 홍보판이 눈에 들어왔습니다. 확대경에 비친 것처럼 큰 글씨로 눈에, 아니 마음에 들어찼습니다.

"당신의 작은 배려가 살맛 나는 세상을 만듭니다."

그 뜻을 음미하니 짜증이 좀 누그러졌습니다.

그때 몇 자리 건너에 앉았던 젊은이가 일어나면서 제게 자리를 양보했습니다. 고맙기도 하고 쑥스럽기도 하여 "괜찮은데…"를 연발하며 행복한 마음으로 그 자리로 가 앉으면서 방금 눈으로 본 그 보물 같은 글귀를 잊을세라 중얼거렸습니다. '당신의 작은 배려가 살맛 나는 세상을 만듭니다.' 그 의미를 다시 새기며 그날 얻은 것 중에 가장 소중한 것으로 여겨 마음에 담아 두기로 했습니다.

짧은 순간 두 젊은이들 마음 가운데서 지옥과 천국을 만난 듯한 그 느낌은 분명 남을 위한 작은 배려로 일어난 결과라 생각하면서, 앞으로 저로 하여금 주변 사람에게 지옥의 맛을 느끼게 하기보다는 천국의 맛을 느낄 수 있도록 노력하자는 다짐도 하였습니다.

주님의 가르침 가운데 가장 으뜸은 '이웃 사랑'입니다. 사랑을 하려면 우선 관심을 가지고 상대방을 배려하는 마음이 우러나와야 하지요. 상대방을 위한 배려, 그것이 바로 작은 사랑의 실천입니다. 이웃을 위한 작은 사랑이 쌓이고 쌓이면 우리가 바라는 살기 좋은 평화로운 세상은 저절로 이루어지지요.

그러나 요즈음은 철저한 이기주의가 팽배하여 남을 위한 배려는 좀체 보기가 어렵습니다. 특히 지도층이나 상류층에 속하는 부유층, 정치 권력층에서는 더더욱 찾기 힘들어 많은 사람이 '세상인심이 점점 각박해져서 살기가 힘들다.'고들 합니다. 지하철 홍보판은 지하철을 이용하는 서민들만 볼 수 있을 뿐, 막상 서민에게 베풀어야 할 계층의 사람들은 대중교통을 이용하지 않아 볼 수 없습니다. 이런 부류의 사람들은 지하철에 그런 문구가 있다는 것도 모를 것이고, 작은 배려가 세상 분위기를 밝게 바꾼다는 것을 어쩌면 생각조차 해 보지 않았을 것입니다.

물론 그 홍보판을 본 사람들 가운데 무심코 지나치는 사람도 있겠지요. 또 그 글귀를 보고 잠시 공감하고 실천해야겠다는 마음을 가지다가도 그 자리를 벗어나자마자 잊어버리는 사람 역시 상당수일 것입니다. 그렇지만 붐비는 지하철에서의 고달픔을 잠시 잊게 해 준 그 글을 본 많은 사람들이 그 뜻을 마음에 새기며 살맛 나는 세상을 만드는 데 동참할 것이라는 기대를 하면서 집으로 돌아왔습니다.

아파트 승강기에서 만난 초등학교 2-3학년 정도인 사내아이가 "할머니, 12층이죠?" 했을 때 "그래 12층이야." 하는 내 목소리는 평소보다 한 옥타브 높아진 소프라노로 행복 지수도 함께 높아졌습니다. 무거워 보이는 가방을 든 이웃 할머니를 위해서 12층 버튼을 눌러 주는 아이가 갑자기 너무 사랑스럽고 예뻐 보였습니다. 이전에도 그런 일이 가끔 있기는 하였지만 그날따라 그 아이에 대한 느낌이 달랐습니다. 작은 배려가 살맛 나는 세상을 만든다는 것에 공감하며 믿고 왔으니, 그 아이의 고운 마음에서 우러나온 손가락 한 번의 버튼 누름이 직장에서 지친 제 마음에 맑은 샘물이 솟듯 살맛 나는 기쁨을 준 것이었습니다.

진정 행복은 마음먹기에 따라 아주 보잘것없어 보이는 곳에서 한 아름씩 왔습니다. 누구나 할 수 있는 아주 쉽고 작은 배려에 행복해하고 살맛 나는 세상이라며 힘을 추스를 수 있음이 사랑의 주님께서 내려 주신 은총이 아닐까 하는 생각도 해 보았습니다.

생각이 미치지 못해 무심히 지났지만 지난날 주변 사람들로부터 받은 작은 배려가 신산辛酸한 삶에 위로가 되었고 활력이 되었음을 새삼 느꼈습니다. 그 마음을 감사하게 받아들이지 못하였고 또 남을 위한 배려에 인색했던 자신을 반성하며 주님께 간구하였습니다.

'주님! 살맛 나는 세상 만드는 데 저 가타리나도 기쁜 마음으로 동참할 수 있도록 살펴 주시옵소서. 아멘.'

타인의 아름다운 삶이 가슴을 울립니다

참으로 어처구니없습니다.

육신이 쇠잔해져 앞으로 살날이 얼마 남지 않았음을 깨달은 일흔이 되어서야 어떤 세상살이가 아름다운지 조금 알게 되었습니다. 조금 알게 되니 이웃의 아름다운 삶도 눈에 보였습니다. 눈을 뜨고 주변을 보니 아름다운 삶을 살다 간 분도 많았고 현재도 세상을 사랑으로 가꾸는 삶이 많이 보였습니다.

이들의 삶에 감동하고 아파하고 자책하면서 저 자신의 삶이 부끄러웠고, 앞으로도 계속 이렇게 살다가 생을 마감할 수밖에 없을 거라는 예감에 갈등이 생겨 괴롭기도 합니다. 갈등 없이 예전처럼 그냥 편안하게 살 수도 있을 터인데, 뒤늦게 주님 가까이 한 발 다가가면서 얻게 된 가슴앓이라며 불평도 해 봅니다. 그러나 이 가슴앓이로 해서 저 자신이 조금은 정화되는 듯해서 희열을 느낍니다.

지난날의 저를 되돌아봅니다. 입지 않고 먹지 않고 아껴서 돈을 모았다는 병약하고 초라한 모습의 할머니가 거액의 돈을 좋은 일에 써 달라며 사회에 희사했다는 기사를 읽었을 때, 훌륭하다는 생각에 앞서 자신에게 불충실한 할머니가 오히려 이상하다고 거침없이 부정적인 말을 하곤 하였습니다.

그리고 얼마든지 부유하고 안락한 삶을 살아갈 수 있는데도 외롭고 버림받은 이웃을 돕기 위해서 힘든 삶을 스스로 선택한 선우경식 전 요셉의원 원장과 외과 의사 장기려 박사 같은 분을 존경하면서도 그분들만의 특별한 삶이려니 생각했습니다.

그리고 성령의 인도로 자생한 우리나라 천주교가 1백여 년 동안 여섯 번의 박해로 2만여 명이 신앙을 증거하기 위해 순교했다는 사실에도 일말의 회의를 가졌습니다. 어쩌면 그렇듯 많은 사람이 기꺼이 목숨을 버릴 수 있을까?

믿어지지 않았습니다. 타인의 일에 관심을 갖지 않는 폐쇄적인 성격 탓도 있지만, 근본적인 것은 주님에 대한 믿음과 사랑이 부족한 탓이었습니다.

그런데 요즘은 주님께로 다가가고 싶고 낯선 이웃과 더불어 사는 삶을 생각하게 되면서 조금 달라졌습니다. 근검절약하여 모은 돈을 이웃을 위해 바치는 사람을 보면 향기로운 삶을 보는 듯 즐겁고 고마웠습니다.

살기가 힘들다고 아우성인 사람들과 나만을 위해서 악다구니 싸움질하는 사람들을 볼 때면 짜증이 나다가도, 이 땅 어딘가에 선우경식 원장과 장기려 박사 같은 분이 또 있을 것이라고 생각하면 위로가 되고 마음이 편안해집니다. 어느새 두 분은 따뜻한 성자로 제 마음 안에 자리 잡고 있었습니다.

제가 세례받은 그 이듬해인 1984년, 서울 여의도 광장에서 103위 순교 복자들 시성식이 있었습니다. 그 당시 천주교 신자라면 누구나 할 것 없이 모두 기뻐하고 흥분했었지요. 그러나 저는 신앙의 깊은 맛도 몰랐고 남 앞에 신자라고 떳떳하게 나설 자신감도 없던 때라 그냥 분위기에 어울리기만 했습니다.

시성식 전날, 서강대학교 메리홀에서 요한 바오로 2세 교황님과 문화 예술계 인사와 만남의 자리가 마련되어 저도 참석하게 되었습니다. 그날 교황님께서 우리 일행이 앉아 있는 곳을 지나시면서 손을 흔들어 주셨는데 그때 교황님의 손끝이 제 손바닥을 살짝 스쳤습니다. 정말 찰나였지요. 그 순간 저는 찬란한 별을 보았습니다. 시성된 103위 순교자뿐 아니라 모든 순교자들의 숭고한 죽음이 별처럼 반짝이기에, 오늘 이 자리에 교황님이 계시고 우리가 있음을 깨달았습니다.

요즘 들어 사랑을 실천하는 일과 신앙을 증거한 얘기에 관심을 갖게 되면서 '사람이라면 할 수 없는 일이다.', '사람이기 때문에 할 수 있는 일이다.'를 반복하면서 그 속에 나 자신을 빗대어 보곤 합니다.

얼마 전까지만 해도 '사람이라서 할 수 없는 일이다.'로

단순하게 종결 짓고 자신의 부끄러움은 모른 채 지나갔을 테지만, 이제는 자꾸만 타인의 아름다운 삶을 가슴에 담으면서 고맙고 감동하고 부러워하게 되었습니다.

최근에 또 가슴 뭉클한 아름다운 삶을 보았습니다. '아무나 할 수 있는 일은 아니다. 그러나 주님의 아들은 할 수 있다.'라고 생각하면서 단숨에 읽은 책 『친구가 되어 주실래요?』에서 입니다.

수도도 없고 전기도 없고 섭씨 45도를 오르내리는, 문명과는 아주 담을 쌓은 아프리카의 오지에서 나병 환자와 어린이 그리고 병자들과 생활하시다가 지금은 고인이 되신 선교 사제 이태석 신부가 직접 쓴 유일한 그 책이 얼마나 가슴을 울렁거리게 했는지 모릅니다. 그리고 또 얼마나 감사했는지, 눈에는 눈물이 글썽이는데 입가엔 미소가 피어올랐습니다.

상상하기조차 어려울 정도로 척박한 땅, 아프리카에서 우리 신부님이 주님 사랑을 성공적으로 보이셨으니 자랑스럽기도 하면서 가슴이 아렸습니다. 의사로 선생님으로 통역사로 해결사로, 일인다역인 사제의 삶을 통해 주님께서 함께하시는 기적을 보는 듯했습니다. 그러고는 꿈결처럼 그 어느 곳에서 젊은 날의 제가 그들을 돕는 것을 상상하며 농촌 계몽 운동을 하고 싶은 소박한 꿈을 지녔던 20대의 저를 떠올리며 울컥했습니다.

주님을 믿고 의지하며 어떤 어려운 일이든 피하지 않고 기꺼운 마음으로 주님 사업을 펼치는 것은 순교 못지않게 아름답고 숭고한 삶이라는 생각을 하게 되었습니다.

이루지 못한 꿈은 별이 됩니다

별 보기를 즐겨했습니다.

어렸을 때는 사람이 태어나면 새로운 별이 하나 생긴다는 말을 믿었습니다. 그래서 밤하늘에 무수히 반짝거리는 헤아릴 수 없을 정도로 많은 별 가운데 어느 하나는 내 별이려니 해서 별 보기와 별 헤는 것을 좋아했습니다. 그러다가 어떤 때는 가장 반짝이는 별이 내 별이라 생각하며 우쭐해 하다가, 별똥별이 유선을 그으며 떨어지는 것을 보게 되면 그 별의 주인이 이 세상을 하직한 것이라고 슬퍼하기도 하였습니다.

별을 쳐다보면서 먼 훗날의 저를 상상해 보기도 하고 아무리 쳐다보아도 닿을 수 없는 하늘 나라의 아름다운 별 세계를 동경하며 미래에 대한 꿈을 키웠습니다.

초등학교 다닐 때는 제가 어른이 되어서 가장 하고 싶은 일은 간호사와 버스 차장이었습니다. 병원에 갔다 만난, 흰 캡을 쓰고 새하얀 가운을 입은 간호사 언니를 백의白衣의 천사라고 수식하는 말이 너무나 근사했습니다. 그래서 '나는 장차 간호사가 될 테다.' 하고 결심했습니다.

하지만 그 결심은 곧 예쁜 제복에 빵모자를 쓰고 '오라잇~' 한마디로 폼 나게 버스를 자유자재로 출발, 정지시키는 차장 아가씨에게 밀렸습니다.

'간호사가 되겠다, 버스 차장이 되겠다.'라는 어린 딸의 소망에 부모님은 좋다 나쁘다는 말씀이 없으셨고 관심도 보이지 않으신 채 그냥 지나가는 바람처럼 흘려 보냈습니다. '간호사'와 '버스 차장', 가끔 자리바꿈은 있었지만 스스로 장래 무엇이 되고 싶다고 원했던 첫 번째 제 꿈의 자리엔 늘 이 두 가지가 있었습니다.

학창 시절에 이르러 소설 읽기에 빠져들면서 간호사와 버스 차장은 어느새 제 꿈의 언저리에서 사라졌습니다. 소설 속에는 주위에서 좀체 만나기 어려운 근사하고 멋진 직업을 가진 여성들이 많았기 때문입니다. 소설을 읽을 때마다 이번에는 주인공 직업이 무엇일까 궁금해하다가 새로운 직업이 나타나면 다시 장래 희망이 바뀌곤 하였습니다.

그렇듯 쉽게 바뀌고 확신도 없는 새털처럼 가벼운 꿈은 미래에 대한 꿈이라고 대접할 가치가 없을지도 모르지만, 무엇이 되고 싶다는 새로운 대상을 만났을 때는 행복했습니다. 그러다가 고등학교 때 문예반에서 연극반으로 특활반을 옮기면서 연극을 좋아하게 되었습니다. 연극 대본을 긁적이고 그 작품을 무대(학교 강당)에 올리면서 출연도 하고, 그러면서 점점 더 연극에 빠져들었습니다.

그런 어느 날이었습니다. 연극반 담당 선생님께서 셰익스피어에 대한 말씀을 하셨습니다. "너희들 셰익스피어 알아? 이 작가는 영국 정부가 인도와도 바꾸지 않는다고 할 만큼 가치 있는 위대한 희곡 작가야. 훌륭한 작가는 국가에서도 이렇게 대접한단다."라고 말씀하셨습니다.

충격적인 그 말씀은 금방 가슴에 꽂혀 그 후부터 모든 것 다 접고 오로지 '셰익스피어가 꿈의 목표'가 되었으며 그 꿈은 확고하여 오랫동안 흔들리지 않았습니다. 그 꿈을 실현하기 위해서 "광대 공부를 하겠다고 서울로 가겠다니 정신 나갔냐?"라는 가족의 반대를 무릅쓰고 연극 영화과를 택하였고 희곡 작가도 되었습니다.

그러나 현실적으로 셰익스피어를 따라 간다는 것은 언감생심 너무나 터무니없는 욕심이어서 주눅 들었습니다. 그러던 차에 한창 인기 있던 영화「길」의 주인공, 줄리에타 마시나Giulietta Masina에게 빠져서 배우이면서 심리학 박사, 철학 박사인 그 여성 정도는 될 수 있지 않을까 생각했습니다.

그래서 우리나라에서 박사 학위를 딴 여성 영화감독 1호나 되어 보자고 영화사에 취직도 하고 학업을 계속하려고 교수들도 만나 보았습니다. 그러나 그마저도 쉽지 않아 갈등에 빠졌습니다. 포기할 수도 계속할 수도 없는 상황에서 결국 편하고 쉬운 길을 택하였습니다.

지금까지 살아오면서 많은 꿈을 가졌고, 또 버렸습니다. 머릿속에 온통 꿈이 자리하고 있을 때는 주변 친구들로부터 '너를 보면 가끔 발을 땅에 딛고 사는 사람 같지 않다.'라는 말을 들을 정도로 꿈속을 헤맸지만 만족할 만하게 이루어진 꿈은 없습니다.

예순 살을 코앞에 둔 햇살 눈부신 어느 날, 혼자서 맑은 하늘에 구름 몇 조각 흘러가는 것을 보다가 문득 '이렇게 살려고 그렇듯 많은 꿈을 꾸었던가?' 하는 생각이 들면서 갑자기 눈물이 쏟아졌습니다. 억울한 일이라도 당한 사람처럼 '엉엉' 소리 내어 울었습니다.

한참을 울고 나니 마음이 정화된 듯 한결 편안해졌습니다. 울었던 흔적은 남편이 퇴근하여 집에 도착할 때까지 가시지 않아서 남편이 놀라 집에 무슨 일이 있었냐고 물었습니다.

"아무 일도 없었어요. 그냥, 이렇게 살려고 그 많은 꿈을 가졌던가 해서…."

담담한 표정으로 하는 제 말을 듣고 잠시 의아해하던 남편이 곧 제게 진정 어린 말로 다독여 주었습니다.

"당신 삶이 어때서? 그만하면 아주 괜찮은 거지. 곰곰이 생각해 봐. 주님 은혜를 많이 받은 것이야. 감사한 마음으로 살아야 해."

그리고 십 수 년 세월이 흘렀습니다. 그동안 참으로 주님께서 제게 딱 맞는 소박한 삶을 주셨다고 감사하며 감탄하기가 여러 번이었습니다. 희곡 작가로 일인자가 되었더라면, 한국 여성 감독 1호가 되었더라면, 상류 사회에서 명품으로 휘감고 고개를 빳빳하게 들고 살았더라면 등등…. 생각하면 오히려 두렵고 진저리 쳐집니다. 그 큰 꿈을 이루지 못했기에 미소가 피어오르고 평온합니다.

이루지 못한 꿈은 별이 되어 가슴에 있습니다. 이 별은 주님께서 주셨고, 주님과 함께 저를 포근하게 감싸고 있습니다.

삶과 죽음은 함께입니다

 봄, 여름, 가을, 겨울 사계四季 가운데 가장 좋아하는 계절을 들라면 저는 언제나 가을을 선택합니다.

 봄은 봄대로 여름은 여름대로 겨울은 겨울대로 모두 나름대로 아름답고 좋아하는 이유가 있습니다만, 그래도 첫째를 꼽으라면 사춘기 때부터 오늘까지 변함없이 가을일 수밖에 없습니다.

 젊은 날엔 가을이 되면 가슴 울렁이며 낙엽 밟는 소리와 낙엽 태우는 냄새를 찾아다녔고, 독서의 계절이니 사색의 계절이 하면서 유치하게 보일 정도로 가을 타는 티를 내곤 했습니다. 그러나 어느 사이 독서와 사색은 가을이면 따라붙는 계절 장식에서 벗어나 일상생활이 되다시피 하였습니다. 낙엽 밟는 소리와 낙엽 타는 냄새는 아득한 향수로 남아 있을 뿐인데도 여전히 첫째 자리는 가을에 내어 줍니다. 왜냐하면 가을 들판의 황금 물결과 현란한 채색으로 마지막을 장식하는 아름다운 나뭇잎들, 오곡백과 결실의 풍요로움, 이 모든 것을 가슴으로 안으며 공유하는 삶이 너무나 감사해서입니다. 그리고 또 하나의 이유는 가을 끝자락에는 위령 성월이 있기 때문입니다.

영원히 함께 있을 줄 알았던 사랑하는 사람들을 하늘 나라로 많이 보냈습니다. 이승에서는 다시 만날 수 없는 사람들, 때로는 잊은 듯, 때로는 애써 잊으려 하면서 마음에 담고 있는 그리운 사람들, 하늘 나라로 먼저 보낸 사람들과의 관계에서 일어난 아름다운 추억들은 가을바람이 불어오면 묻혀 있던 그리움의 불씨가 살아난 듯 여기저기서 불쑥불쑥 모습을 드러내곤 합니다. 그 그리움은 시간이 흘러도 퇴색되지 않고 가을이면 더욱 선명해 집니다.

11월은 위령 성월이고 11월 2일은 위령의 날입니다. 살아 있는 사람이 돌아가신 분을 기억하고 연옥 영혼들을 위해서 기도하라고 정해진 날, 이맘때가 되면 그동안 겉으로 표현하지 못하고 마음에만 담아 두었던 사람을 소리 내어 불러볼 수도 있고, 먼 조상들의 영혼과 기도를 통해 대화를 나눌 수 있으며, 저리도록 그리운 사람에게 사설辭說 섞인 하소연을 늘어놓을 수도 있습니다.

생을 달리한 사람과 대화를 나누고 미사를 통해 연옥 영혼의 안식을 위해 기도하면서, 지난 삶의 한 부분을 떠올리다 보면 지나간 시간이 오늘에 있습니다. 현재의 삶 속에 죽은 자의 삶이 함께하고 있으니, 삶과 죽음은 분리된 다른 길이 아니라 함께 가는 하나의 길입니다. 흔히 '죽음이 두 사람을 갈라놓을 때까지…'라고들 하지만 죽음으로 사람과 사람의 관계가 갈라지는 것이 아니며 끝나는 것은 더더욱 아닙니다.

한 번도 뵌 적 없는 북의 시부모님을 1년에 몇 번 연미사를 통해서 만납니다.

젊은 날에는 시부모님의 생사를 알 수도 없고 단신으로 월남한 남편의 아픈 상처를 건드리고 싶지 않아 되도록 시댁 얘기는 피했습니다. 그러다가 13년 전 친정어머니가 돌아가셨을 때, 장례 미사를 시작으로 몇 개월 연속 연미사를 봉헌하면서 시부모님 생각을 했습니다.

그러고는 그해 위령의 날을 시작으로 매년 추석과 설날 그리고 특별한 때 연미사를 봉헌합니다. 처음 시작할 때는 가톨릭 신자 며느리로서 형식적으로 봉헌을 했는데, 세월이 흐르면서 미사와 기도를 통해 만나는 횟수가 늘어나게 되니 친정 부모님 못지않게 기도가 절실해지고 애정을 갖게 되었습니다. 그러면서 두 분 모습이 상상 속에서 형체가 살아나 이제는 저만 알고 있는 시부모님의 모습을 간직하게 되었습니다.

한 번도 만나지 못해 얼굴도 모르는 남편의 부모님과도 만날 수 있게 해 주는 연미사는 산 이와 죽은 이가 사랑이라는 인연의 연결 고리로 연결된다는 영원한 삶에 대한 폭넓은 믿음을 갖게 해 주었습니다.

지난해 이맘때 어느 일간신문에서 읽은 「수녀원 뒤뜰의 구덩이」라는 글이 다시 생각납니다. 봉쇄 수녀원 원장 수녀가 종신 서원식을 마친 젊은 수녀를 데리고 선배 수녀들의 묘지가 있는 수녀원 뒤뜰로 갑니다. 그곳에서 젊은 수녀에게 삽을 주면서 꼭 자신의 몸을 뉠 만큼의 구덩이를 파게 하고는 원장 수녀가 말을 합니다.

"이 구덩이가 당신이 묻힐 곳이며 훗날 구덩이를 판 무덤의 주인이 와서 누울 때까지 파인 채로 덮지 않습니다."

이 글에서 봉쇄 수녀원 수도 생활이 얼마나 숙연하고 거룩한지 엿볼 수 있었습니다. 그리고 자신의 삶을 오롯이 하느님께 바치겠다는 일념으로 봉쇄 수녀원에 들어온 젊은 수녀에게 종신 서원 첫날 보여 준 그 구덩이는 그 수도자에게 삶과 죽음은 분리된 것이 아니라 함께하는 것임을 평생 기억하게 해 줄 것입니다.

봉쇄 수녀원 뒤뜰의 빈 구덩이 여럿…. 수녀들은 자신이 판, 언젠가는 자신이 묻힐 구덩이를 바로 옆에 두고 그 구덩이를 보면서 죽음에 대한 묵상을 하고 하루하루를 성찰하면서 삶과 죽음을 평화로운 마음으로 받아들이고 있을 것입니다.

어떻게 하면 삶과 죽음을 두려워하지 않고 편안하게 여기며 주님께로 가까이 다가갈 수 있을지 묵상해 봅니다.

모든 만남은 축복입니다

만남이 쌓이고 쌓여서 한 사람의 일생이 이루어집니다. 그 숱한 만남에는 언제나 가슴 설렘이 있고, 기쁨이 있고, 희망의 미래가 있습니다. 때로는 피할 수 없는 어떤 만남에서 슬픔과 아픔을 겪기도 합니다. 그러나 그것은 잠깐 스쳐 지나갈 뿐, 스스로 지혜롭게 마음을 다스린다면 그 슬픔과 아픔이 오히려 앞날을 든든하게 다지는 버팀목이 되어 주는 축복임을 알게 됩니다.

한 사람과 또 다른 한 사람의 만남이 시작되어, 만남의 횟수가 많아지면서 한 생명이 태어납니다. 사람뿐만 아니죠. 이 세상에 존재하는 모든 생명체는 만남으로 인해 종족을 번식시키고 생명을 연장하며, 자신의 존재로써 상대는 삶의 의미를 부여받고 기쁨을 느끼게 됩니다.

 사람과 사람의 만남, 사람과 자연의 만남, 그리고 사람이 발명한 기계로 만들어 낸 일상용품과의 만남 등, 우리는 한시도 만남 없이는 존재할 수 없습니다. 또 이 모든 만남이 계속되면서 살아 있음이 확인되는 것입니다. 그러니 만남이 삶의 근원이고 축복인 것입니다.

 살아온 나날들, 한순간 작은 것과의 만남에서도 우주를 보고 생명의 소중함을 되새깁니다. 돌계단 사이로 고개를 내밀고 있는 풀꽃을 만나는 순간에도 생명의 신비로움으로 가슴 뛸 때가 있습니다.

 눈에 보이지 않는 바람과의 만남에서도 세상 이치를 깨닫기도 합니다. 길가에 뒹구는 낙엽에서는 어떤 윤회輪廻를 보기도 합니다. 그리고 아파트 베란다 작은 화분에서 피워 낸 꽃 한 송이를 만났을 때의 솟구치는 기쁨은 그대로 환희이며 행복이 됩니다. 그리운 사람, 좋아하는 사람, 만나야 할 사람과의 만남만이 의미가 있는 것이 결코 아니었습니다.

지나온 삶을 되돌아보며, 기억 속에 남아 있는 숱한 만남이 모두 알알이 진주가 되어 보석같이 소중한 그리움으로 되살아납니다. 그게 나이 탓이려니 해도, 세상 어떤 만남도 소홀히 할 수 없다는 생각이 확고해졌습니다. 과거의 만남이든 앞으로 기회가 주어질 만남이든 만남을 생각하면 기대되고 가슴이 따뜻해집니다.

만남의 종류에도 여러 가지가 있습니다. 한 번으로 끝나 버리는 만남, 몇 번 반복되는 만남, 세월의 무게만큼 횟수가 계속 이어지는 만남, 이 모든 만남이 삶을 이어 주는 자양분이 되어 오늘 여기까지 왔습니다.

1년 전 이맘때의 한 만남을 생각해 봅니다. 어떤 신앙 월간지 애독자들과의 만남입니다. 이 만남은 다른 어떤 만남에 비해 더욱 값진 의미를 담고 제게로 왔습니다. 처음에는 신앙 잡지이고 주어진 지면이 「발견의 기쁨」이다 보니, 저같이 믿음이 부족한 사람이 맡기에는 당치 않다는 양심의 가책도 있었습니다. 그래서 설레는 기쁨과 막연한 두려움에 휩싸이기도 하였습니다.

그러나 글이 매체가 되어 주님 사랑에 대한 독자와의 공감대를 형성할 수 있다면, 메마른 제 신앙 밭에 단비가 되어 줄 것이라는 기대감이 있어 용기를 내었습니다.

한 해를 보내고 새해를 맞는다는 의미를 담고 보니 의중에 있는 말을 하고 싶어졌습니다. 그동안 제가 쓴 글이 독자들과 영성적, 감성적으로 도움이 되는 만남이었기를 바라며 기도한 제 소망에도 불구하고 매번 미진한 글을 내놓게 되어 안타까웠습니다. 그러나 주님께서는 '다음에는 ~' 하는 제 안타까워하는 마음을 헤아려 주시어 부족한 부분을 주님 사랑으로 채워 주셨음을 느낄 수 있어 기쁘고 감사했습니다.

그래서 독자들과의 만남이 뿌듯했고 행복했습니다. 주님 안에서 독자와 공감대를 형성하는 글을 써야겠다는 생각을 한 순간부터 주님께서 함께하실 거라는 믿음을 가질 수 있었음도 제게는 큰 축복이었습니다.

그리고 또 제 일생 중 가장 소중한 만남을 생각해 봅니다. 마흔 넘어 뒤늦게 만난 주님, 찾으면 찾을수록, 자주 만나면 만날수록, 기쁨과 행복을 더해 주는 만남, 자주 찾고 만나게 되면서 모든 사물에 대한 이해의 폭이 넓어지고, 그것들을 소중하게 생각하면서 행복 지수가 올라가는 이 만남은 바로 주님과의 만남입니다.

사람이 어머니 배 속에서 나와 눈을 뜨는 순간 만나게 된 빛, 매일 아침 잠에서 깨어나 만나는 빛과 함께 주님은 우리에게로 오십니다. 아니, 주님은 우리가 생겨난 그 순간부터 함께하셨으며, 우리가 어머니 배 속에 있었을 때에도, 또 우리가 깨어 있는 순간은 물론 잠을 잘 때에도 언제나 우리와 함께 계시는 분이십니다.

그런데 받아들이고자 하는 뜻이 없어 마음의 눈을 닫아 버린 탓에 주님을 만나지 못합니다. 저도 늦게야 눈을 뜨고 주님을 만났습니다. 그 빛과의 만남, 뒤늦게 만났기에 앞으로는 이 만남에 오롯이 마음을 쏟고 싶습니다.

콩트

우리 동네 천사표 언니

세 자매의 왕언니

우리 동네는 서울시 스물다섯 개의 구區 중에서 가장 가난하다는 구, 거기서도 깊숙이 산자락에 잇대어 있는 다세대 주택이 모여 있는 곳이다.

4-5년 전까지만 해도 이곳은 서울스럽지 않은 한적함과 공기 좋고 주위 경관이 아름다운 곳이어서 한번 이사 오면 좀처럼 떠나지 못해 10년은 훌쩍 넘게 머물기 마련인 그야말로 이웃이 정겨운 동네였다.

그런데 어느 틈에 밀고 들어온 다세대 주택 바람이 불자 소박한 정원을 두고 담 넘어 정을 나누며 정겹게 살던 단독 주택 주인들이, 다세대 주택을 지어 생기는 경제적 이득의 매력 때문에 오랜 세월 동안 자식처럼 가꾸어 온 정원의 나무와 꽃들을 한순간에 미련 없이 뭉개어 버렸다.

그러고는 마당에 꽃모종을 함께 심고, 텃밭에 가꾼 무공해 채소를 나누어 먹던 이웃 간의 정도 정원을 뭉갤 때 함께 뭉개 버리고는 행여 한 뼘의 땅이라도 옆집으로 흘러 들어갈세라 신경을 곤두세우며 묵은 정을 '툴툴' 털었다.

나는 이 동네에서 태어나 자랐으며, 결혼 후 시집에서 살았던 1년 6개월을 제외하고는 쭉 이곳에서 살아온 그야말로 토박이다.

부모님이 살던 마당 너른 집이 '푸른 빌라' 단지로 들어가게 되자 우리 부부는 이곳에 둥지를 틀어 지난날 정겨웠던 동네를 되살리며 아이들을 키울 보금자리를 마련하였다.

30여 년을 이사 한번 가지 않고 한자리에 눌러 살고 있는 내 눈에 비친 푸른 빌라의 이웃들은 너무나 쉽게 이사를 가고 오고 해서 이상하게 보였다.

처음 얼마 동안은 누가 이사를 가고, 또 어떤 사람이 새로 오는지 신경이 쓰였고, 또 가는 이웃에 대한 섭섭함과 오는 이웃에 대한 기대감으로 가슴이 설레기까지 했지만, 사람들은 가고 오면서 이웃에게 변변한 인사도 없는 것이 다반사라 3년이 지난 요즈음은 나도 모르게 '오면 오는 거고, 가면 가는 거고' 하는 식으로 무심히 생각하게 되었다.

푸른 빌라의 터줏대감격인 내가 들고 나는 사람에 대한 관심이 없어졌으니, 나보다 더 무심한 눈길을 보내는 이웃 아낙들은 오죽하랴 싶었지만 그렇지만도 않았다. 이웃에 대한 무관심 뒤에는 집요한 호기심이 숨어 있어서 때로는 당치도 않은 갖가지 소문을 무성하게 만들어 내면서 입방아를 찧곤 했다.

지영이네가 1동 1층 다호로 이사 온 날은 한 달 내 찔끔거리며 오던 장맛비가 걷히고 따가운 태양이 대지의 물기를 말리던 7월 중순이었다. 마을 뒷산에 어우러진 녹색의 나무 잎새 사이로 싱그러운 바람이 묻어와 동네의 공기는 상쾌하기 그지없었다.

네 살배기 아들 찬이를 미술 학원에서 데려오는데, 바로 우리 집 아래층인 1층 다호에 이삿짐이 들어가고 있었다. '누가 이사를 오나 보다.' 하고 건성으로 생각하며 집 현관으로 들어섰다. 그때 뒤에서 발자국 소리가 들려 돌아다 보니 자매로 보이는 아이 둘이 손에 무언가 들고 계단을 올라왔다.

"우리, 바로 아래층에 이사 왔어요. 이걸 드리려고…."

말은 큰아이가 했지만 두 아이가 동시에 손을 내밀었다.

"두 개 다 우리 집에 주는 거니?"

"네, 떡은 어른이 드시고요. 케이크는 아기 주세요."

나는 반가웠다. 이사 올 때면 으레 하던 시루떡 돌림을 만난 것도 무척 오랜만인 데다 케이크까지 곁들였으니, 그 댁 주부의 따뜻한 정이 전해 오는 듯해서 반갑고 친근감이 생겼다.

"고맙구나. 가서 엄마께 잘 먹겠다고 전해 줘." 하고 두 개의 접시를 한꺼번에 받는데 초롱초롱한 눈망울 가진 작은아이의 입에서 의외의 대답이 튀어나왔다.

"엄마 아녜요. 왕언니예요."

나는 순간 머쓱해서 무슨 말을 해야 할지 몰라 잠시 망

설였다.

그때 큰아이가 동생의 손을 잡으며 "지영아, 빨리 가자. 언니 기다리겠다." 하고는 계단을 뛰어 내려갔다.

아이들의 뒷모습을 보며 나는 작은아이가 말한 그 '왕언니'의 존재가 궁금해졌다.

우리가 살고 있는 1동 열여덟 세대 가운데 지영이네를 제외한 열일곱 집, 그 집집마다 케이크와 시루떡은 전달되었고, 그걸 받는 주부들은 모두 나와 같은 궁금증이 일었던지 그 이튿날부터 지영이네 가족에 대한 소문이 소설로 줄줄이 엮어졌다.

지영이네 가족은 모두 네 식구. 초등학교 5학년인 지영이를 가운데로 그 위 아영이는 중학교 2학년, 그리고 장애가 있어 한쪽 목발을 짚고 다니는 인영이는 이 집의 막내로 초등학교 3학년이다. 이 집의 세대주이자 세 자매를 돌보는 사람은 스물여덟 살의 처녀 유경미라는 것을 호기심 많은 한 주부가 동회에 가서 확인한 사항이라 했다.

"인영이, 지영이, 아영이는 친자매가 분명한 것 같은

데, 성이 다른 유경미란 처녀와 이 세 자매는 어떤 관계일까요?"

"셋 중 하나의 진짜 엄마일 수도 있잖아요?

"설마하니 그럴려구? 내 생각엔 아버지가 다른 자매 같아."

"사는 것을 보아 하니 유산을 많이 받은 것 같습디다."

"큰 처녀는 뭐 강남에 있는 학교 선생이었다는데…, 정말 궁금한 게 한두 가지가 아니야. 베일에 싸여 있어요."

만나는 사람마다 제 각각 한마디씩 했다. 언제부터 이들이 이웃의 가정사에 이렇듯 관심이 많았는지 오히려 의아스러운 정도였다. 어느 때는 앞뒤 아귀가 전혀 맞지 않게 돌아가는 말도 서슴없이 맞장구 치며 소문을 부풀렸다.

나는 이 아이들에게 무슨 아픈 사연이 있을 것만 같았다. 역시 내 예감은 적중했다.

여름 방학이 끝나고 얼마 되지 않은 토요일 오후였다.

그날은 경미 씨가 출근을 하지 않았는지 일찍부터 보였는데, 저녁때가 되자 그 집 베란다 창문 너머로 세 자매의 울음소리가 흘러나왔다. 이 울음소리는 무성한 소문을 뿌리던 이웃 주부들에게 결정적인 호기심을 자극하기에 충분했다. 옆집에서 사람이 죽어 나도 모른다는 이 시대에 '푸른 빌라'의 주부들은 시대를 역행하는 별종인지 이웃에 대한 떨쳐 버릴 수 없는 관심 때문에 하나둘 밖으로 나와 좁은 마당에 모여 지영이네 집을 기웃거렸다. 나 역시 속으로는 이들을 경멸하면서도 그 자리에 함께 있으면서 집 안에서 흘러나오는 말에 귀를 기울였다.

슬프디슬프게 울던 울음이 잦아지자 차분하고도 다정한 왕언니의 목소리가 들려왔다.

"이제 그만, 울음은 끝내자. 더 이상 나약한 모습을 보여선 안 돼. 너희들에겐 이 언니가 있어. 이 언니가 너희와 함께 살면서 최선을 다해서 너희들을 돌볼 거야. 대신 너희들은 이 언니가 약해지려고 하면 힘이 되어 주어야 해. 약속할 수 있지?"

대답 대신 세 자매는 고개를 끄떡이며 '언니~'를 불렀다. 그러고는 막내 인영이가 말을 이었다.

"왕언니! 언닌 언제까지나 우리와 함께 사는 거지?"

"물론이지, 우리 인영이 다리 아픈 것 꿋꿋하게 참고 이겨서 훌륭한 사람이 될 때까지 인영이랑 살 거야."

"언니는 천사야, 우릴 지켜 주는 천사야."

"지영아, 우리를 지켜 주시는 분은 따로 계신단다. 누군지 알지? 우리 모두 그분께 기도드리자. 마음을 가다듬고 천국에 계시는 아빠, 엄마를 생각하면서 경건한 마음으로 기도하자. 기도는 언니인 아영이가 인도하렴."

곧이어 간절하고도 애절한 기도 소리가 흘러나왔다.

"전지전능하시고 자비하신 하느님 아버지! 우리 세 자매는 1년 전 오늘 교통사고로 한꺼번에 엄마 아빠를 잃었습니다. 그리고 예쁜 우리 막내 인영이는 한쪽 다리를 다쳐 목발이 필요하구요. 그렇지만 주님! 우리는 슬퍼만 하고 좌절하는 불쌍한 아이들이 아닙니다. 주님께서 저희들에게 경미 언니를 보내 주셔서 함께 살게 해 주셨으니 굳세고 밝게 살려고 합니다. 주님! 부탁드립니다. 이모의 딸인 경미 언니가 우리를 위해 너무 큰 희생을 하지 않도록 주님께서 보살펴 주셔요. 경미 언니는 우리 땜에 학교 선생님도 그만두려 하고, 또 사람들이 그러는데 우리 땜에 결혼도 안 하려고 한답니다. 주님! 경미 언니는 천사지요? 하느님 아버지! 우리 경미 언니에게 천사표 딱지를 내려 주세요. 그러면 우리는 천사표 언니랑 함께 씩씩하고 행복하게 살아갈게요. 꼭 부탁드립니다. 우리 주 그리스도의 이름으로 간절히 비나이다. 아멘."

그 이튿날부터 '푸른 빌라' 단지 내에서는 유경미가 아닌 '천사표 언니'의 얘기가 풍성하게 나돌았다.

쫌쫌 어린이 놀이방

올봄에 이사 온 위층 새댁이 이 동네에 와서 '꽃보다 더 아름다운 단풍을 보았다.' 하고 감탄하던 것이 엊그제 같은데, 벌써 앙상한 나뭇가지는 겨울을 안고 을씨년스럽게 떨고 있다.

이때쯤이면 가난한 사람들은 계절보다 앞서 마음이 먼저 싸늘한 겨울 추위를 느끼곤 한다. 꽃보다 아름다운 단풍도, 앙상한 나뭇가지도 쳐다볼 겨를 없이 귓불에 스치는 차가운 기온을 두려움으로 받아들이는 보통 사람들보다 훨씬 가난한 사람들이 멀지 않은 바로 이웃 동네에 살고 있다는 것을 얼마 전에야 알게 되었다.

언제부터 모여들어 살게 되었는지 알 수 없지만 물이

메말라 버린 개천을 끼고 삼사백여 미터 닥지닥지 수십 채가 이어져 있는 일명 '딱지 동네'라고도 불리는 무허가 주택 단지, 겨우 드나들 수 있는 입구(_門)에 방 하나와 밥을 끓여 먹을 수 있는 간이 부엌이 전부인 세대로 수도도 화장실도 공동으로 사용하는 그야말로 게딱지 같은 집들이다.

그럼에도 주변은 지저분하지도 않고 좁은 도로도 말끔하게 비질한 듯 깨끗했다. 한 줄로 죽 이어진 이 무허가 집들은 아파트 담과 관상수로 가려져 있어서 아파트 입주민 대부분은 자신들이 살고 있는 아파트 담벼락 뒤쪽 응달에 사는 가난한 이웃이 있다는 사실조차 몰랐다.

나 역시 이 동네 터줏대감이라면서, 그리고 그 고층 아파트에 친구가 살고 있어서 자주 드나들면서도 이렇듯 가난한 이웃이 가까이 있다는 걸 까맣게 몰랐다.

그런데 지난여름, 아무리 무더운 삼복더위라 할지라도 우리 동네만은 시원하다고 뽐내던 자랑이 무색하던 날의 오후, 이른 저녁을 먹고 산책을 나왔다가 사전 연락도 없이 친구네 아파트에 들렀을 때다. 그날 친구가 부재중이라 동네나 한 바퀴 돌아볼 요량으로 주변을 산책하다가 우연히 들어서게 된 좁다란 골목길. 그리고 곧이어 나타난 낯선 풍경. 한 뼘의 창문도 보이지 않는 사방 꽉 막힌 작은 방에 앉아 더위와 싸우는 사람들이 눈에 들어왔다. 순간 무슨 잘못을 하다가 들킨 사람처럼 나는 가슴이 뛰어 쫓기는 사람처럼 급히 그 골목길을 빠져 나왔다.

화려한 네온이 번쩍이는 상가 건물과 고층 아파트가 즐비한 곳과 아주 인접한 곳이며, 내가 사는 바로 이웃에 가난한 이들이 사는 이렇게 낙후된 지역이 있다는 것이 믿기지 않았다. 인정하고 싶지 않아서 되도록 입에 담지도 않았고 그 골목을 기억에서 지우려고만 했다.

그 '딱지 동네'의 얘기가 요즈음 '푸른 빌라' 아낙들의 입에 오르내렸다. 다세대 주택 주민들 사는 형편이 모두 비슷비슷하겠지만, 푸른 빌라에는 비교적 젊은 부부와 전세 입주자가 많다. 그들 중에는 집 장만을 위한 맞벌이 부부도 여럿 있었다.

이들에게 가장 큰 고민은 아이들을 맡길 마땅한 곳이

없다는 것이다. 어떤 부부는 출근할 때 멀리 떨어져 있는 놀이방이나 유아원, 혹은 친척 집에 아이를 맡겼다가 퇴근 때 다시 들러 데려오는가 하면, 어떤 부부는 아예 아이를 시골 친정이나 시댁에 맡기고 주말에 찾아가곤 한다.

우리 위층 젊은 엄마도 천안 친정에 아이를 맡겨 두고 주말에 가서 아이를 만나곤 하는데 아이가 엄마와 헤어질 때가 되면 떨어지지 않으려고 가슴을 파고들며 울어서 억지로 떼어 놓고 돌아서는 발걸음은 우는 아이가 밟혀 가슴이 아리고 눈물이 흐르기 다반사라고 했다.

그런데 딱지 동네에 이 문제를 해결해 주는 아주 맞춤한 어린이 놀이방이 생겼고, 이 놀이방에 아이를 한 번이라도 맡겨 본 사람은 하나같이 놀이방 선생을 보고 '천사'가 따로 없다고 칭찬이 자자하다는 것이다.

그런데 이 어린이 놀이방에는 특이한 점이 있다. 그것은 많은 어린이를 돌볼 여건이 되지 않아서 딱지 동네 아이들을 우선으로 한다는 것이다. 그 소문을 들은 푸른 빌라 맞벌이 부부들은 '우리 동네에는 왜 그런 놀이방이 없냐?' 하고 아쉬워하기도 하고 부러워하기도 했다는데, 결국은 맞벌이 부부가 아닌 일반 주부들에게까지 그 놀이방은 관심거리가 되었다.

　나의 호기심도 예외 없이 발동하였다. 지난여름 우연히 들렀던 곳, 지은 죄도 없이 왠지 죄인인 듯 어쩔 줄 몰라 한시라도 빨리 그곳을 빠져 나오고 싶었던 곳, 그래서 애써 그 동네를 기억에서 지우려 했던 곳인데, 누군가는 그 동네를 위해 어린이 놀이방을 운영한다고 하니 다시 가 보고 싶어졌고 관심이 갔다. 어쩐지 그 놀이방의 천사가 우리 빌라 1층 다호에 사는 지영이네 왕언니일 것만 같아서였다.

　친구네 집에 들른 나는 끝내 나의 호기심 속으로 그 친구를 끌어들였다.
　이사 온 지 1년이 되어 가는데도 그 친구 역시 '딱지 동네'에 관해서는 깜깜이었다. 하긴 옆집에 누가 살고 있는지조차 모르는 사람들이 허다한데, 아파트 뒤 담벼락에 붙어 눈에 잘 뜨이지도 않고 숨겨진 듯 살고 있는 가난한 이

옷에게 관심 가질 필요가 있었겠는가?

신문 사회면의 1단짜리 기사만큼도 관심을 보여 주지 않는 친구를 겨우 부추겨서 소문으로 들은 '쫌쫌 어린이 놀이방'을 찾아가 보았다.

아파트 단지 큰길가에 버티고 선 5층 붉은 벽돌 건물의 담벼락에 붙은 '금빛 유치원'의 화려한 플래카드가 거만하게 펄럭였다. 그곳을 지나 후문 들머리에 있는 허름한 상가 건물 2층 안쪽에 위치한 '쫌쫌 어린이 놀이방'은 그야말로 소박했다. 야단스러운 치장 없이 예쁜 집 이름만 붙어 있었다. 구석진 방에서는 해맑은 아이들의 웃음소리가 들렸다.

밖에서도 볼 수 있게 유리문으로 되어 있던 방의 안쪽을 들여다본 내 눈에 비친 놀이방 안의 풍경은 동화 속 한 폭의 그림 같았다. 고만고만한 어린이 다섯 명이 놀고 있는 방안 정경, 아이를 등에 태우고 산토끼를 부르는 말이 된 아름다운 선생님과 말을 타고 있는 친구를 부러워하면서 다 같이 신나게 산토끼 노래에 쫌쫌으로 맞춰서 합창하며 즐거워하는 아이들, 밝고 생기 있는 아이들의 얼굴에는 함박 웃음꽃이 가득 피어났다. 실내는 요람처럼 아늑하고 아이들은 행복하게 보였다.

내가 예상했던 대로 그 선생님은 동생들 때문에 다니던 학교를 정리하고, 집 가까운 곳에 일자리를 마련할 것이라고 한 지영이의 왕언니였다.

나는 갑자기 보석을 얻은 듯 가슴에 기쁨이 벅차올라 내 자신이 무슨 큰일이라도 한 것처럼 어깨까지 으쓱하며 건조한 얼굴로 장승처럼 멍하니 서 있는 친구의 등을 가볍게 치며 자랑스럽게 말했다.

"얘, 말이 된 저 선생님이 누군 줄 아니? 바로 우리 푸른 빌라에 사는 천사표 언니란다."

그 아줌마는 어떻게 반장이 되었을까?

한여름 하얀 햇살이 쏟아지는 날이었다.

'자연 그림 그리기'를 갔다 온 찬이가 피곤했던지 단잠을 자고 있어서 일찌감치 저녁 찬거리를 사 들고 오는데, 바로 계단 입구에서 목발 하나에 의지해 힘겹게 걸어가는 인영이가 보였다.

구김살 없이 밝게 살고 있는 인영이네 자매를 좋아하는 나는 오랜만에 만난 인영이가 반가워서 집에 데려가 무엇이라도 먹이고 싶었다.

"인영아! 학교 갔다 오니? 너희 집엔 아무도 없을 테니 우리 집에 가서 아이스크림도 먹고 찬이랑 놀다가 가렴."

뒤돌아 본 인영이는 나를 보자 언제나처럼 밝게 웃으며 고개를 까닥하고 인사를 한 후 잠시 망설이는 눈치를 보였다. 그래서 얼른 내가 말을 이었다.

"찬이가 인영이 누나 보고 싶다고 했는데…."

찬이의 이름이 나오자 인영이의 얼굴에는 금방 활짝 웃음꽃이 피어올랐다.

"찬이가 나를 보고 싶어 했어요? 나도 찬이가 보고 싶었는데…. 저 찬이에게 동화 얘기해 줄 것도 있거든요." 하고는 목발을 집고 깡충깡충 앞장서 계단을 올라갔다.

언니들만 있어서인지 인영이는 위층에 사는 우리 찬이를 무척 귀여워했고, 둘이는 진짜 오누이처럼 다정하게 지내는 사이였다. 나는 우선 자고 있는 찬이를 깨우고는 아이스크림을 내왔다. 인영이가 먹을 아이스크림은 튤립 꽃 그림이 만발한 예쁜 유리그릇에 듬뿍 담았고, 찬이가 먹을 것은 평소 찬이가 사용하는 플라스틱 컵에 담아 주었다.

그런데 인영이는 플라스틱 컵을 자기 앞에 놓고 예쁜 유리컵을 찬이 앞에 밀어 놓았다.

"플라스틱 컵이 찬이 거야. 유리그릇에 담긴 것을 인영이가 먹어."

"괜찮아요. 예쁜 그릇에 담은 아이스크림을 찬이에게 주고 싶어요."

아홉 살짜리 아이의 입에서 나오는 말로는 믿기지 않을 정도로 차분했고 진정으로 찬이를 위하는 표정이어서 나도 잠시 말문을 닫았다.

아이들이 아이스크림을 다 먹었을 즈음해서 냉장고에 있는 과일을 종류별로 꺼내 착한 인영이를 위해 보기 좋게 깎아서 내다 놓았다.

그때도 인영이는 가장 크고 맛있어 보이는 과일 조각을 포크에 찍어서 찬이 앞으로 내밀었다. 어린아이인데도 남을 배려하는 마음이 몸에 배어 있는 듯했다.

"아줌마가 인영이 먹이고 싶어서 예쁘게 깎았으니 찬이 생각은 하지 말고 많이 먹어."

내 말이 끝나자 인영이가 배시시 웃으며 말했다.

"우리 집 대장인 왕언니는요, 언제나 제일 좋은 것을 저에게 주고요, 제일 못난 것은 왕언니가 먹어요. 그리고 우리에게 말했어요. 내가 갖고 싶은 것, 하고 싶은 것은 먼저 상대방에게 권하라고요. 그러면 상대방도 기뻐하게 되고 자신도 기뻐진다고 했어요."

나는 어린 아이의 입에서 흘러나오는 요술 같은 말이 긴가민가해서 아이의 얼굴을 쳐다보며 다시 물어보았다.

"그래 인영인 언니 말이 맞는다고 생각해?"

"처음엔 잘 몰랐는데요. 점점 그 말이 맞는다는 생각이 들었어요. 그렇게 해 보니 정말 기분이 좋아졌거든요. 좀 전에도요, 찬이가 예쁜 유리그릇을 조심스럽게 들고 맛있게 아이스크림을 먹는 걸 보면서 얼마나 기뻤는지 몰라요. 아마 제가 먹었다면 그렇게 기쁘지는 않았을 거 같아요."

나는 인영이 입에서 흘러나오는 향기로운 말을 들으며 오랜 가뭄 끝에 한 줄기 시원한 소나기가 내려 혼탁한 것을 깨끗하게 씻어 버린 듯 청량감을 느꼈다.

갑자기 인영이의 그 왕언니가 만나고 싶었다. 그래서 나는 양쪽에 인영이, 찬이와 함께 손을 잡고 '쫌쫌 어린이 놀이방'을 향해 갔다.

오후 햇살이지만 볕은 따가웠다. 그러나 지난밤에 쏟아진 빗줄기로 인해 북한산이 바로 코앞으로 당겨진 듯 가깝게 보일 정도로 날씨는 맑고 공기는 깨끗했다.

저만치 쬠쬠 어린이 놀이방 간판이 보였다. 갑자기 인영이가 놀이방이 있는 쪽이 아닌 엉뚱한 건너편 공터를 향해 손을 흔들며 소리쳤다.

"언니! 언니, 왕언니~."

잡초 무성한 공터에서 쪼그리고 앉아 무엇인가를 하고 있던 여인이 인영이가 부르는 소리를 듣고 일어나 우리 가까이로 왔다.

"인영이 왔니? 찬이 어머니도 함께 어쩐 일이세요? 혹시 우리 인영이에게 무슨 일이라도?"

걱정스러운 눈빛으로 나와 동생을 바라보는 왕언니의 손에는 푸성귀가 한 움큼 쥐어져 있었다.

"아, 아니에요. 그냥 심심해서 산책 삼아 와 봤어요. 그런데 놀이방은 어떻게 하고 여기서 뭐 하시는 거예요?"

"지금 아이들 잠자는 시간이라서요. 이것이 나를 유혹해서 김 선생께 잠시 부탁하고 나왔지요." 하며 손에 쥔 깻잎을 보여 주었다.

며칠 전 출근하면서 우연히 잡초들 틈에서 여기저기

비집고 나온 깻잎이 눈에 띄었다고 했다. 어디서 씨앗이 날아와 자라게 된 것인지, 아니면 지난해 누군가가 심어 거두었다가 그 씨앗이 떨어져 싹을 틔운 것인지 암튼 잡초 속에서 제법 많은 양의 들깨가 자라고 있었다.

그러나 아무도 눈여겨보지 않았고 바로 가까이 있는 딱지 동네 사람들조차 오가면서 무수히 보았을 텐데도 그냥 버려져 있어 이제 더 두었다가는 나물로도 못 먹게 생겨 아까워서 이렇게 따고 있다고 하였다.

"언니, 어떤 거야? 나도 도와줄게."

인영이가 거들자 나도 거들게 되었다. 찬이는 풀벌레를 잡느라 이리저리 뛰어다니고 우리 세 사람은 잡초 밭을 휘저으며 열심히 깻잎을 땄다.

이때 푸른 빌라 반장 아주머니가 지나다가 우리를 보고 다가왔다.

"아니 찬이 엄마, 천사표 언니랑 게서 무얼 하는 거유?" 하면서 인영이가 들고 있는 비닐봉투 안을 들여다보고는 한심하다는 표정으로 우리를 향해 충고(?)했다.

"아니 이 뙤약볕에 그게 얼마가 된다고 이 고생을 하고 있수? 셋이 땀 흘리며 고생고생해서 따 보았자 어디 천 원어치나 되겠수? 난 또 무슨 일인가 했지….”

혀를 차며 그 고생보따리가 행여 자신에게 묻어 오기나 할까 보아 휘이휘이 팔을 흔들며 사라졌다. 사라지는 반장 아주머니의 뒷모습을 보며 우리 천사표 언니가 포르르 한숨을 쉬며 혼잣말처럼 말했다.

"돈의 값어치로만 계산할 수 없는 소중한 먹거리인데 반장님은….” 그러고는 인영이의 어깨를 다독이며 “우리 인영이는 사람이 먹을 수 있는 어떤 먹거리도 하찮게 생각하고 천시하면 하느님께서 슬퍼하신다는 것을 알고 있지?”했다.

안타까워하며 답답해하는 언니의 얼굴을 빤히 쳐다보던 인영이가 너무나 뜻밖의 놀라운 말을 내뱉었다.

"왕언니! 저 아줌만 틀림없이 쌀 한 톨에 사람들의 정성이 얼마나 들어가는지 모르실 거야. 근데 어떻게 반장이 되었지?”

'쌀 한 톨의 소중함'. 갑자기 어렸을 때 밥상머리에서 수없이 들어왔던 아버지의 말씀이 아릿한 그리움과 함께 아프고도 친근하게 되살아났다.

"음식을 함부로 대하면 하느님께서 벌을 내리신다. 밥 알 하나라도 허술히 생각하는 인간은 사람 노릇도 제대로 하지 못한다. 마음에 담아 두어라."

나는 쌀 한 톨의 소중함을 일깨워 준 인영이를 통해 아버지의 교훈을 잊고 살아왔다는 죄책감이 들었다. 그리고 인영이의 왕언니가 동생들을 어떻게 교육하고 있으며, 그가 지닌 삶의 철학이 무엇인지도 알 수 있었다. 다시 한번 우리 동네에 천사표 언니가 살고 있다는 사실에 가슴 뿌듯한 기쁨을 느꼈다. 고맙고 미안했다.

이 천사표 언니와 한 울타리 안에서 살고 있기 때문에 가끔씩이라도 내가 살아가는 방법에 대해 반성하고 고민하고 갈등을 겪으면서 올바르게 살아야 한다고 자신을 다그치게 되리라는 예감을 하였다.

그 생각에서 깨어나서 보니 인영이는 어느새 불편한 몸을 이끌고 다시 깻잎 따기에 열중하고 있었다.

우리도 산타 할아버지

아영이는 할 수만 있다면 11월을 꽉 붙잡아 매어 두고 싶었다. 올해의 크리스마스는 어쩐지 슬프고 쓸쓸한 것만 같아서 12월이 오는 것이 싫어서였다.

그러나 11월은 단 1초도 아영이를 위해 멈추어 주지 않고 어김없이 정해진 시간대로 째깍거리며 12월로 향해 갔다.

12월에 들어서자마자 마치 기다렸다는 듯 여기저기 가게의 진열대에는 예쁜 크리스마스카드와 성탄 선물용 물건들이 쏟아져 나왔고, 더러는 샛별처럼 반짝이는 작은 알전구로 장식해 놓고 연말 분위기를 돋우어 사람들의 시선을 모았다. 어디선가 크리스마스 캐럴도 흘러나왔다. 그러자 먼지와 마른 나뭇잎만 휘날리던 초겨울의 스산한 거리가 갑자기 활기를 띠고 술렁거리기 시작했다.

　중 2인 아영이는 그 술렁거림이 싫었다. 그 술렁거림은 지난날과는 달리 여러 가지 복합적인 혼란스러움을 가져다주기 때문이다. 그 혼란스러움 가운데서 지난가을 동생들과 함께 경미 언니를 따라 북한산에 갔을 때 곱게 물든 단풍을 가리키며 왕언니가 한 말이 되살아났다.
　"단풍잎은 나무에서 떨어지기 직전이 가장 곱단다. 왜 그런지 아니? 떨어져 나가야 하는 아픔을 견뎌 내고 있기 때문이야. 그 아픔이 사람의 눈에는 아름답게 보이는 거고, 그 아름다움으로 인해 조금이라도 더 사람들의 기억에 오래 남도록 하기 위해서란다."
　그때 동생인 인영이와 지영이는 이쁜 단풍잎을 줍느라 정신이 없었으니, 그 말은 아영이 자신에게 들려준 말이란 것을 알고 있었다. 아영이는 그 말의 뜻을 잘 이해할 수가 없었다. 그리고 꼭 알고 싶지도 않았지만 묵묵부답으로 있을 수만은 없어 건성으로 물어보았다.
　"언니, 아픔이 어떻게 아름답게 보일 수 있는 거지?"

"그래, 아영이는 아직 어려서 잘 이해할 수 없을 거야. 더 커서 고등학교, 아니 대학에 들어가면 그때 언니가 다시 얘기해 줄게."

빨갛고 노란 단풍잎들보다 더 아름다운 미소를 입가에 띠고 있는 경미 언니는 먼 산 어딘가를 꿈꾸듯 바라보고 있었다.

그러나 아영이도 아픔 뒤에 기쁨이 있다는 것을 조금은 알고 있었다. 돌아가시기 전 엄마, 아빠는 가끔 말씀하셨다.

"엄마의 뼈가 으스러질 듯한 아픔을 겪은 대가로 너희를 얻었지. 그때 그렇게 기쁠 수가 없었단다. 아마도 그 진통 때문에 너희가 더욱 사랑스럽고 소중한 존재로 생각되는지도 몰라."

뼈가 으스러지는 진통 뒤에 얻은 새로운 생명의 탄생! 아영이는 가을 단풍이 아름다운 이유도 어쩌면 이와 비슷한, 다시 되살아날 생명을 품고 있음을 보여 주기 위함인 것만 같아 자꾸만 가슴이 저려왔다. 그런 자신이 지금까지보다 조금 더 어른스러워진 것도 같았다. 그래서 경미 언니에게만 동생들을 맡기지 말고 자신도 동생들을 돌봐야 겠다는 생각을 했고, 우선은 다리가 불편한 막내 인영이에게 관심을 갖고 함께 있는 시간을 더 많이 가지려고 하는 중이다.

그러던 어느 날이었다. 크리스마스가 되려면 한 달 반은 더 있어야 하는데 인영이가 새까맣고 초롱초롱한 눈동자에 슬픔을 가득 담고 엉뚱한 질문을 했다.

"언니! 올해 우리 집에 산타클로스 할아버지가 오실까?"

"그럼, 오시고 말고. 특히 착한 우리 인영이는 다리가 불편한데도 씩씩하게 잘 지내고 있으니까 선물 많이 가지고 찾아오실 거야."

아영이는 동생을 안심시키려고 언니답게 또 어른스럽게 대답했다. 그러나 인영이는 믿을 수 없다는 듯 고개를 살래살래 흔들었다.

"언니, 난 알아. 우리들의 산타 할아버지는 엄마 아빠였다는 걸…. 근데 이젠 엄마 아빠가 돌아가시고 안 계시니 우리에게 산타 할아버지는 없는 거야."

곧 울음이 터져 나올 것 같은 동생의 머리를 가슴에 안고 아영이는 자신도 울음을 삼키며 동생을 향해 아니 자신을 향해 자신 있게 그러나 다짐하듯 말했다.

"물론 우리 엄마, 아빠가 산타 할아버지가 되신 때도 있지. 그러나 산타 할아버지는 언제나 계시는 거야. 우리 마음 안에 계신다고 믿으면 꼭 찾아오셔. 두고 봐, 이 언니 말이 맞는지 틀리는지 올해 크리스마스에 보자고."

언니의 자신 있는 말에 신뢰가 갔던지, 아니면 언니의 마음을 헤아려서인지 불안해 보이던 인영이의 얼굴이 금새 편안해 보였다.

그러나 그날 이후 아영이는 시간이 흐를수록 자꾸만 불안해졌다. 그러다가 결국 11월이 가는 것이 두려워지기까지 한 것이다.

비록 초등학교 초급반이지만 인영이는 산타 할아버지의 존재를 알만큼 영리해서 거짓말을 해야 하는 언니의 마음을 얼마쯤은 이해하리라. 하지만 이해를 떠나서 불쌍한 동생 인영이에게만은 슬픔을 안겨 주고 싶지 않아 아영이는 크리스마스를 가까이 오지 못하게 밀어내고만 싶었다.

부모님이 계실 때는 1년 중 가장 큰 선물을 받는 날이라 기다려지고 즐거웠던 크리스마스, 그렇지만 교통사고로 부모님을 한꺼번에 잃고 맞는 크리스마스는 슬플 수밖에 없다. 그러니 아예 크리스마스는 우리 앞에 나타나지 말고 비켜 가 주었으면 싶은데도 반갑잖은 크리스마스는 성큼성큼 거대한 몸짓으로 시간을 잡아먹고 아영이네 자매 앞으로 다가왔다.

유경미가 운영하는 쫌쫌 어린이 놀이방은 토요일과 일요일은 문을 열지 않는다.

처음 등록할 때부터 어린이 부모들에게 토요일과 일요일은 어떤 일이 있어도 아이와 지내도록 당부하였다. 경미 자신도 이날만은 인영이와 지영이, 그리고 아영이의 보호자로 왕언니 노릇을 충실히 하기 위해서였다.

한 장 남은 달력을 바라보는 왕언니는 생각이 많아지고 몸도 마음도 바빴다.

한 해가 다 가기 전에 마무리하고 해야 할 일도 많다. 지난해 이맘때는 언니 내외 사고 직후여서 크리스마스고 뭐고 생각할 겨를이 없었다. 가난하고 외로운 이웃을 챙겨 볼 마음의 여유도 없이 한 해를 보냈고, 또 새해를 맞았지만 올해는 그럴 수가 없다.

비극이 일어난 곳에서 멀어지기 위해 강남의 모든 것을 정리하고, 북한산 가까이 공기 좋고 인심 좋은 동네로 이사 와서 이젠 마음도 어느 정도 안정이 되어 가고 있다. 이런 때 아이들의 마음을 잘 잡아 주어야 한다. 사춘기에 접어든 아영이나 곧 사춘기를 맞아야 할 지영이와 인영이, 모두 살얼음 위를 걷는 것마냥 조심스럽다. 이 아이들이 밝고 건강하게 자랄 수만 있다면 어떤 일이라도 마다하지 않을 것만 같다.

지난해에 아이들이 겪었던 그 엄청난 슬픔이 앞으로 겪게 될 아이들의 고난을 휩쓸어 가 주기를 바랐다. 그러나 세 아이가 앞으로 바르고 행복하게 살아가게 하는 데는 자신의 힘만으로 부족하다는 것을 알고 있다.

그래서 매일 아침 눈을 뜨면서, 그리고 잠자리에 들 때 기도를 통해 전능하신 그분께 매달리기도 한다. 그분의 능력을 믿기에 동생들 앞에서 언제나 자신 있게 살아가는 모습을 보일 수 있다.

12월의 첫 주일 저녁, 싸늘한 바람이 가로등 불빛 옆에 머무를 때, 따스한 빛이 창문으로 새어 나오는 푸른 빌라 1동 1층 다호에서는 저녁 식사를 마친 네 자매가 모여 캐럴을 들으며 즐거운 시간을 보내고 있었다.

그런데 아영이는 자꾸만 마음이 조마조마하였다.

왕언니가 은행잎처럼 노란색을 띤 단감을 한 바구니 갖고 와 예쁘게 깎아서 먼저 한 쪽을 포크에 찍어 막내 인영이에게 건네주었다. 그때였다. 불안불안했던 아영이의 예감이 적중한 것은….

"왕언니, 올해 우리 집에 산타 할아버지 오신다는 것 믿어도 돼?"

"물론 오시지."라고 대답할 줄 알았던 왕언니의 입에서는 의외의 말이 튀어나왔다.

"인영이는 산타 할아버지가 찾아오시는 게 좋아?"

그때 인영이 곁에 있던 지영이가 동생이 답답한 듯 제법 어른스럽게 말을 꺼냈다.

"이 언니가 말했잖니? 산타 할아버지는 진짜 인물이 아니고 사람들이 만든 인물이라고. 그리고 지금까지 산타 할아버지가 주신 선물은 엄마 아빠가 주신 거라는 것 너도 알고 있으면서 뭘 그런 걸 물어 봐."

"알아. 그래도 산타 할아버지는 있어야 하고 오셔야만 해."

떼를 쓰듯 산타 할아버지의 존재에 대한 확인을 받고 싶어 하는 인영이를 그윽하게 바라보던 왕언니는 중대한 성명을 발표하는 사람처럼 차분하고도 분명한 어조로 말을 이었다.

"인영아, 지영 언니 말이 맞아. 산타 할아버지는 우리 마음 안에 간직되어 있는 거야. 그러니 자기 자신의 마음이 결정하는 데 따라 산타 할아버지를 만날 수 있고, 또 산타 할아버지가 되어 가난하고 불쌍한 사람을 찾아갈 수도 있지. 인영아, 지영아, 그리고 아영아! 우리 말이야. 올해는 산타 할아버지가 오시기를 기다리지 말고 산타 할아버지가 되어 가난하고 외로운 사람, 정말 사랑을 기다리는 사람을 찾아가면 어떻겠니? 우리 네 사람 각각 돕고 싶은 사람을 한 사람씩 정해서 그 사람한테 우리가 산타 할아버지가 되어 주는 거야. 어때? 산타 할아버지를 기다릴 때보다 더 신나고 행복하지 않겠어?"

세 자매의 반응을 기다리며 주의 깊게 쳐다보는데도 아무 말이 없었다.

잠시 침묵, 그러나 그것은 한순간이었다. 세 자매의 환호 소리가 합창처럼 튀어나왔다.

"와! 우리가 산타 할아버지~, 역시 왕언니는 천사표야."

봄이 싫은 세희

인영이는 주일이 좋았다. 주일이 되면 왕언니와 손을 잡고 교회도 가고, 짜장면이나 피자도 사 먹으며 때로는 산에 올라가 동화보다 더 재미있는 얘기도 들을 수 있기 때문이다.

그 좋은 주일인 오늘은 보기만 해도 봄을 느낄 수 있는 활짝 핀 영산홍 화분을 사 왔다.

베란다에 작은 텃밭이라도 만들어서 채소랑 꽃을 피워 보자며 화원에 가자고 했을 때는 별로 내키지 않았지만 왕언니의 명령이라 따라나섰다.

그런데 화원에 도착해서 아름다운 꽃들을 보는 순간 가슴이 울렁거리며 기쁨이 샘솟는 걸 느꼈다. 그래서 꽃집 앞에 진열해 둔 화분 중 가장 소담스럽게 꽃을 피운 화분을 보고 갖고 싶다고 했더니 왕언니는 채소 모종보다 먼저 그 화분을 사 온 것이다.

인영이는 신바람이 났다. 베란다에 내다 놓고 보니 꽃집에서 보았을 때보다 훨씬 더 화려하고 아름다웠다. 꽃집 아저씨가 영산홍은 다른 꽃에 비해 싼 편이지만 푸짐하게 꽃을 피워 오랫동안 보여 주는 마음 넉넉한 꽃이라고 했는데, 작은 뭉게구름같이 모여 있는 꽃송이들은 그 말을 증명하기에 충분했다. 송이송이가 모두 인영이를 반기며 손짓하는 것처럼 보여서 보고 또 봐도 싫증이 나지 않았다. '역시나 봄은 즐거운 것~'이라며 기분이 한껏 좋아지려는 순간 인영이는 봄이 싫다는 세희가 생각났다.

"언니, 세희는 봄도 싫고 꽃도 보기 싫다고 하는데 왜 그럴까?"

"세희가 봄이 싫다고 했어?"

널찍한 플라스틱 화분에 흙손질을 하던 왕언니는 봄이 싫다는 어린 동생의 친구가 마음에 걸려 손에 묻은 흙을 털며 가까이 다가가 물어보았다.

"응, 그리고 꽃도 싫대."

"왜 싫을까? 봄이 되면 만물이 소생하기 때문에 사람들도 활기를 되찾아 아름다운 꽃을 보며 기쁨과 용기를 갖게 되는데…."

수정 같은 동생의 눈망울에 가득 담긴 의혹의 빛에서 왕언니는 세희의 알 수 없는 슬픔을 보는 것 같아 그대로 집에 있을 수가 없었다.

"인영아, 우리 세희네 집에 가볼까? 언니들은 친구들과 놀러 나갔으니 우리는 세희랑 뒷산에나 갔다 오자."

"그러면 좋겠다. 세희도 왕언니가 말하면 어쩜 봄을 좋아하게 될지도 몰라."

세희는 얼마 전에 푸른 빌라 2동 1층 다호로 이사 와서 인영이랑 같은 반이 된 아이다. 동은 다르지만 같은 1층 다호여서인지 둘이는 금방 친해져서 가깝게 지내고 있었다. 세희네 식구는 할머니와 아버지, 어머니 그리고 세희 모두 네 식구이지만 부모님은 직장 사정으로 당분간은 푸른 빌라에서는 할머니와 세희 둘이서 살아야 한다고 했다.

왕언니는 봄이 싫다고 한 세희가 자꾸 마음에 걸렸다. 그 어린 나이에 봄이 싫고 꽃도 싫다고 하는 데는 그럴 만한 이유가 있을 것만 같았다.

2동 1층 다호의 현관문은 열려 있었고, 할머니의 탄식 섞인 푸념 소리와 섧디 섧게 우는 세희의 흐느끼는 소리가 집안을 가득 채웠다.

"세희 할머니 무슨 일이세요?"

의외의 상황에 놀란 왕언니가 열린 문으로 들어서며 할머니를 진정시키려고 다가가 묻자 "글쎄 저년이…." 하고는 한숨을 쉬고 숨을 가다듬었다.

"인영아, 세희랑 집에 가 있어. 언닌 할머니하고 얘기 좀 하고 갈게, 어서."

남의 집 일에 콩 놔라 팥 놔라 간섭하는 것이 어색한 일이긴 해도, 우선은 두 사람을 떼어 놓고 사정을 들어보는 것이 상책이라 생각하고 얼른 아이들을 밖으로 내보냈다.

세희 할머니는 신세 한탄과 함께 얘기를 꺼냈다.

사건의 발단은 누더기 같은 이불 때문이었다. 그 이불은 세희의 청승을 돋우는 물건이라 세희 할머니는 이불을 보기만 해도 화가 치밀었다. 세희에게 이불을 버리자고 아무리 어르고 달래도 말을 듣지 않자, 급기야 오늘 새벽에는 용단을 내려 아이가 잠자는 틈에 그 이불을 가위로 싹둑 잘라 쓰레기봉투에 넣어 버렸는데, 늦잠에서 깨어난 세희가 어젯밤까지도 있었던 이불이 없어졌다면서 그걸 찾아내라고 앙탈을 부린 것이다.

　그 이불은 세희가 너덧 살 때 생모와 함께 덮던 이불로 진즉부터 눈에 거슬려 없애 버리려 했던 것인데, 어찌나 울며 앙탈을 부리는지 홧김에 '그 청승 못 버리면 니 애비마저 잡아먹는다.'라는 하지 말아야 할 말까지 하고 말았다. 그 말이 나오게 한 손녀도 밉고 그 말을 뱉은 자신도 미워서 신세 한탄을 겸해 세희를 심하게 꾸짖던 중이었다.

　세희 어머니는 지병으로 3년여 앓다가 2년 전에 세상을 떠났고, 지난가을에 아버지가 재혼을 했는데, 세희는 새어머니를 인정하려 들지 않을 뿐 아니라 어찌나 말썽을 피우는지 어쩔 수 없이 함께 살지 못하고 당분간 두 집 살림을 하게 되었다며, 이사 올 때 숨긴 사정까지 말했다.

심성이 여리고 착했던 세희의 생모는 생전에 유난히 꽃을 좋아해서 꽃 가꾸기를 즐겨했는데, 몸이 허약해서 꽃을 가꿀 수 없게 되었을 때에도 집안에는 꽃이 떨어지지 않게 했다고 한다. 그 얘기 끝에 세희 할머니는 이 말을 덧붙이며 한숨을 푹 쉬었다.

"글쎄 2년 전 봄, 운명하기 직전에도 겨우 초등학교에 입학한 어린 딸년과 함께 병실 밖을 내다보며 '이 봄에는 개나리, 진달래, 목련이 차례도 기다리지 않고 한꺼번에 피어서 엄마에게 푸짐한 꽃을 보여 주는구나.' 하며 좋아하지 않았겠수. 철딱서니 없는 어린년이 어미의 마지막 말을 가슴에 담아 두었는지 걸핏하면 봄도 싫고 꽃도 싫다고 하니, 그 청승을 정말 어찌해야 좋을지 모르겠다오."

왕언니는 세희의 가슴에 담겨 있는 봄과 꽃의 암흑 빛깔을 이해할 수 있을 것 같았다. 낡은 이불에서 엄마의 체취를 맡으려는 그 애절한 마음이 가시지 않는 한 언제까지나 봄은 엄마를 빼앗아 간 죽음을 부르는 계절로 남아 있을 것 같아 안쓰러웠다.

양손에 각각 세희와 인영이의 손을 잡고 산으로 올라가는 왕언니는 새삼스레 부모를 잃음으로 해서 세상을 밝게 보지 못하고 제대로 느끼지도 못하며 제각각 아픈 색깔로 세상을 볼 수밖에 없는 불행한 아이가 많다는 것을 알았다.

'내 동생들은 그렇지 않다고 믿어도 될까?'

교통사고로 하루아침에 엄마 아빠를 잃어버린 인영이, 지영이, 아영이 생각에 머물자 갑자기 콧등이 찡해지며 눈물이 핑 돌았다.

아이들에게 부모의 영상을 애써 지우려고 해서는 안 된다고 생각한 왕언니는 낳아 주시고 사랑해 주신 엄마 아빠는 언제까지나 우리 곁에 있다고 믿게 하고 싶었다.

산을 오르내리는 사람들의 모습은 모두 밝고 건강해 보였다.

나뭇가지마다 '누가 이기나 볼까' 하고 내기하듯 여기

저기서 새잎이 뾰족뾰족 나오는 중에도 성급한 산수유와 개나리는 잎사귀보다 먼저 꽃봉오리를 터트렸다.

인영이는 이것저것 손짓하며 기분 좋게 재잘거렸다.

한사코 봄이 싫다고 한 세희도 봄의 요정 앞에서는 어쩔 수 없었는지 한결 기분이 상쾌해진 듯 곧잘 인영의 말에 응해 주었다.

세 사람의 이마에는 송골송골 땀방울이 맺혔다.

"저기 벤치에서 좀 쉬었다 가자."

왕언니가 가운데 그리고 양옆으로 인영이와 세희가 앉았다.

아무 말도 하지 않고 왕언니가 하늘을 쳐다보았다. 두 아이도 덩달아 고개를 뒤로 꺾고 하늘을 우러러보았다.

파릇파릇 생명의 물을 머금은 나뭇가지가 푸른 하늘을 배경으로 소리 없이 살랑살랑 흔들리고 있었다.

"세희야, 인영아, 저기 바람이 보이지?"

인영이는 왕언니와 하늘을 배경으로 하여 살랑거리는 나무들을 번갈아 쳐다보며 고개를 갸웃했다.

"바람이 어떻게 보여? 바람은 눈에 보이지 않는 거잖

아."

"나뭇잎이 흔들리고 우리들의 머리카락이 날릴 때 바람을 볼 수 있지."

"느낌으로 보는 거야?"

"그래, 돌아가신 엄마 아빠의 넋이 바람이 되어 우리 곁에 오시기 때문에 손에 잡히지도 않고 눈에 보이지도 않지만 느낌으로 알 수 있는 거야. 세희야, 엄마의 넋은 낡은 이불이나 옷장 같은 데는 없어. 우리가 숨 쉴 수 있게 해 주는 공기 안에 우리와 함께 계시는 거야. 세희가 할머니와 아빠를 속상하게 하지 않고 엄마가 좋아했던 것을 좋아하면서 행복하게 살면 엄마의 넋은 '우리 세희 예쁘구나.' 하시며 가끔 바람으로 오셔서 어루만져 주신단다."

그때였다. 인영이가 밝은 음성으로 소리 질렀다.

"언니! 지금 막 바람이 내 볼을 간질이고 지나갔어. 그럼 엄마 아빠가 인영이 착하구나 하신거지?" 그러자 세희는 "나는 콧잔등을 간질인 것 같은데…." 하며 활짝 웃었다.

우리 동네 천사표 언니

"바람이 봄을 안고 오고, 꽃눈을 틔우는데 세희는 봄도 싫고 꽃도 싫다고 했으니까 바람이 미워서 살짝 피해 갔을 텐데, 아마 너는 간질이지 않았을 거야."

"아니에요. 바람이 나를 피해 가지 않았어요. 진짜 느꼈어요. 진짜요."

그러고는 고개를 돌려 인영이를 보며 "너는 내가 정말 봄을 싫어하고 꽃을 싫어하는 줄 알았구나, 바보처럼." 하며 밝게 웃었다. 그런 세희를 보는 왕언니는 동생 인영이를 바보라고 놀리는데도 세희가 밉지 않고 고맙고 사랑스러웠다.

우표가 붙은 편지

지영이는 외로웠다.

지난봄 자신의 몸에 변화가 생겼을 때, 왕언니가 한 말이 생각나서 아무리 짜증이 나고 슬퍼도 누구에게 섣불리 투정을 부리며 내색할 수가 없기에 더욱 외롭고 쓸쓸했다.

"새가 알에서 깨어나기 위해서는 두꺼운 껍질을 깨는 인내와 아픔을 견뎌야만 한단다. 이제 지영이도 어린아이에서 벗어나 어른으로 한발 나아가는 첫 단계에 접어들었으니 신체적으로 정신적으로 여러 가지 변화가 오면서 때로는 고통이 따르게 될 거야. 그렇더라도 겁내지 말고 기쁘게 받아들여야만 한단다. 이제부터는 지난날처럼 너무 철없이 함부로 굴어서도 안 되며, 자신의 일을 스스로 생각하고 처리하는 습관을 길러야만 할 거야. 물론 이 언니는 지영이가 원한다면 언제나 지영이 편에서 의논 상대가 되어 줄게."

그날 왕언니는 지영이의 나이 숫자만큼의 장미 꽃다발을 건네면서 대견스럽기도 하고 한편으로는 안쓰러워 초경을 하는 동생의 등을 토닥거려 주었다. 그날 이후 지영이는 말수가 적어지고 대신 사색에 잠기는 시간이 길어졌다.

그러던 어느 날, 학교에서 집으로 돌아가는 길에 동네 빨간 우체통에서 우편물을 수거하는 우체부 아저씨를 만나게 되었다. 순간 지영이는 우표가 붙은 편지가 받고 싶어졌다. 지금까지 우체부 아저씨가 자신에게 전해 준 편지는 없었지만, 가끔은 보내는 사람이 누구든 우표가 붙은 편지를 한번 받아 보았으면 하는 생각을 했었다. 그런데 요즘은 꼭 받고 싶은 사람이 있다.

언니로부터 '새가 알에서 깨어나기 위해 껍질을 깨는 고통을 감수해야 한다.'라는 말을 들었을 때, 갑자기 눈물이 나도록 엄마 아빠가 보고 싶어졌고 만날 수 없다면 편지라도 받고 싶었다.

아영이 언니와 동생 지영이도 엄마 아빠를 보고 싶어 할 것 같아 함께 얘기를 하고 싶었지만, 그러다가 자칫하면 셋에서 눈물바다를 이룰 것만 같아 참고 또 참으면서 혼자 이불을 쓰고 조심스럽게 울었다.

며칠째 엄마 아빠의 모습은 지영이의 뇌리에서 사라지지 않았다. '천국에 우체통이 있으면 엄마 아빠에게 편지를 보낼 텐데….' 하고 생각하던 참이었다. 그래서 우체부 아저씨가 눈에 더 띄었는지도 모른다.

지영이는 자신도 모르게 우체부 아저씨를 따라 우체국까지 가게 되었다.

우체국에는 편지 봉투를 우편함에 넣는 사람, 봉투에 우표를 붙이는 사람, 소포를 보내는 사람과 돈을 찾고 부치는 사람들…. 제법 사람들이 붐비었고, 우체국에서 하는 일이 편지 배달 외에도 여러 가지 있다는 것도 알게 되었다.

지영이는 '저 많은 우편물은 어떤 사연을 담고 있을까?' 하는 호기심이 발동하여 이곳저곳을 기웃거렸다.

'등기·소포'라는 팻말이 있는 창구에 '송슬기'란 명찰을 단 여직원이 지영이와 시선이 부딪히자 생긋 웃어 주었다. 생긋 웃을 때 왼쪽 볼에 옴폭 파이는 볼우물이 지영의 눈에는 참으로 예쁘게 보여 한참동안 그 언니가 일하는 모습을 쳐다보았다.

"우체국에 처음 왔나 보구나. 천천히 둘러보고 궁금한 게 있으면 이 언니한테 물어보렴."

두 사람은 금방 친해졌고, 볼우물이 인상적인 언니가 좋기도 해서 '볼우물 언니'라고 혼자 부르며 지영이는 그날 이후 곧잘 우체국을 찾았다.

볼우물 언니는 언제나 지영이를 친절하게 대해 주었다. 어떤 때는 초콜릿이나 사탕도 주었고, 한가할 때면 이런 저런 얘기도 해 주었다.

지영이에게 우체국은, 마치 서로가 아무런 약속도 없이 일방으로 찾아가게 되는 잔잔한 호숫가나 호젓한 공원의 벤치 같은 그런 휴식 공간 같기도 하였다.

가끔은 단말기 소리와 우표 소인을 찍는 소리, 전화벨

소리 등 여러 가지 잡음으로 해서 신경이 조금 거슬리긴 하지만, 다소곳이 앉아 저 많은 편지와 소포들은 어디로 가는 것일까 상상하며 바쁘게 일하는 사람들을 쳐다보는 것만으로 지영이는 좋았다. 그 언니가 직원들에게 얘기를 했는지 직원들도 지영이를 방해꾼으로 생각하지 않고 친절하게 대해 주어 언제나 편안한 마음으로 우체국을 드나들 수 있었다.

여름 방학이 되었다.

'볼우물 언니의 휴가는 언제쯤일까?' 궁금하게 생각하고 오랜만에 우체국에 들렀을 때, 언니는 외출 차림으로 사무실을 나서고 있었다. 지영이를 보자마자 마치 기다리고 있었던 것처럼 반가워했다. "지영이 왔구나. 언니가 막 나가려던 참이었는데 잘 만났다. 같이 나가자." 하고는 손을 잡았다.

"어딜요?"

퇴근 시간도 아니고 해서 멋쩍게 물어보긴 했지만, 지영이는 볼우물 언니의 손에서 전류처럼 타고 가슴에 전해지는 촉감이 따뜻해서 무척 기분이 좋았다.

"오늘부터 휴가인데 잠깐 일이 있어서 나왔더니 마침 지영이를 만났네. 내가 빵 사 줄게, 아니 피자가 좋겠구나."

한여름의 뙤약볕이 쏟아지는 거리가 눈이 부실만큼 따가웠지만 지영이의 기분은 아주 상큼했다. 피자집은 더운 날씨 탓인지 매우 한산했다.

피자를 주문하고서 볼우물 언니가 지영이의 가족에 대해 이것저것 물었다.

지영이는 부모님이 교통사고로 돌아가신 일이며 왕언니와 함께 네 식구가 푸른 빌라에 살고 있다는 것과 우체국에 들르게 된 경위와 볼우물 언니를 좋아한다는 얘기 등을 비교적 소상하게 말해 주었다.

모처럼 자신에 관한 얘기를 많이 해서인지 한동안 돌덩이가 가슴을 짓누르는 것처럼 답답하던 마음이 한결 가벼워지면서 기분이 좋아졌다.

언니도 자신의 얘기를 들려주었다. 올해 스물여섯이며, 고아원에서 어렵게 어린 시절을 보냈지만. 지금은 성실한 남편을 만나 예쁜 아들까지 두고 열심히 행복하게 살고 있다고 했다.

　먹는 것이 부실하다고 왕언니가 걱정하곤 하는데 지금 피자 먹은 것을 보았다면 먹지 않는다는 걱정은 날려 보낼 것이라고 생각하면서 지영이는 신나게 피자를 먹었다.

　피자의 마지막 조각까지 맛있게 먹은 지영이와 눈높이를 같이 한 볼우물 언니는 조금은 심각한 듯 차분한 어조로 말을 꺼냈다.

　"지영아, 행복이란 나무는 자신의 마음속에서 자라는 것이기 때문에 스스로 잘 가꾸어야 한단다. 어느 누구도 대신 자라게 할 수 없다고 우리 돌쟁이 아들 선생님이 말씀하셨어. 언니는 그 말씀이 너무나 옳다고 믿고 마음에 두고 살지. 지영이도 이 말을 믿고 그렇게 하겠다고 이 언니와 약속해 주었으면 해. 그렇게 할 수 있겠지?" 하고 새끼손가락을 내밀자 지영이는 스스로 손도장까지 찍으며 자신의 행복 나무를 잘 자라게 하겠다고 마음속으로 다짐했다.

볼우물 언니의 휴가가 끝날 즈음 지영이 앞으로 우표가 붙은 두 통의 편지가 배달되었다.

한 통은 휴가 기간 동안 시집에서 농사일을 돕기 위해 부안으로 내려간 볼우물 언니로부터 온 것이고, 다른 한 통은 발신인의 주소가 없는 것이었다.

지영이는 그렇게나 바라던 우표가 붙은 편지를 두 통이나 받게 되자 가슴이 방망이질하는 것처럼 뛰어서 손바닥으로 가슴을 다독거렸다. 그리고 이 흥분을 오래 간직하고 싶어서 조용한 방으로 갔다.

그러고는 소중한 보물을 다루듯 조심스럽게 우체국 언니의 편지부터 먼저 뜯었다. 언니의 편지는 평소의 조용하고 다정다감함 그대로 문안과 보고 싶다는 일상적인 내용이었다. 그리고 아들과 부모님과 함께 삼대가 전원 풍경을 배경으로 다섯 사람이 활짝 웃으며 찍은 사진 한 장이 들어 있었다.

지영이의 얼굴에는 미소가 피어올랐다. '아~ 편지란 이렇게 기분 좋게 하는 거구나.' 하며 사진과 편지를 곱게 접어 다시 봉투에 잘 넣었다. 그러고는 보낸 사람의 주소가 없는 편지 봉투를 첫 번째 편지보다 더 두근거리는 가슴을 진정하며 뜯었다.

'몸도 마음도 성큼 자란 아름다운 내 동생 지영아!'로 시작하는 편지는 다음과 같이 이어졌다.

만약 천국에 우체통이 있다면 엄마 아빠께 편지를 보내고 싶어 하는 어여쁜 지영아!

천국에도 우체통이 있단다. 다만 형체로 있는 것이 아니고 마음속에 있다는 것이 다를 뿐이야.

이건 우체통뿐만 아니라 이 땅에 있는 모든 물체는 다 그렇다고 봐야겠지. 그러나 하늘 나라의 모든 것은 우리 마음속에 담고 있어서 우리가 있다고 믿으면 있는 것이 된단다. 그러니까 엄마 아빠께 편지를 보내고 싶으면 얼마든지 보내도록 해. 그리고 답장을 기다려 봐. 기다리고 있노라면 어떤 방식으로든 답장을 받게 될 거야. 지영이가 못 견디게 힘들고 외로울 때면 울면서 하소연을 해도 괜찮아. 그리고 형체가 없는 천국에 보낼 편지니까 꼭 종이와 연필이 필요한 건 아니겠지. 마음속으로 쓰고 보내고, 또 쓰고 보내면 엄마 아빠 하나도 빠짐없이 다 읽으시면서 지영이를 위해 기도하시고 위로할 길을 찾아 언젠가는 오실거야. 하지만 지영아, 아무리 지영이가 안타까워하고 그리워해도 엄마와 아빠 지영이와는 너무나 멀리 떨어진 천국에 계시니까 서로 통하려면 시간도 오래 걸리게 되겠지. 나 같으면 멀리 있는 엄마 아빠보다 곁에 있는 아영이 언니와 동생 인영이, 그리고 왕언니와 더 많이많이 얘기하겠다.

지금 지영이가 겪는 아픈 일들을 아영 언니도 얼마 전에 겪었을 터이니 '언닌 이런 경우 어떻게 했지?' 하고 물어보기도 하고, 다리가 불편한 하나뿐인 사랑스러운 동생을 잘 보살피기 위해서 '인영아, 이 언니가 뭐 도와줄 것 없어?' 하고 종종 물어 준다면 언니와 동생은 더 행복해 할 것 같은데. 그렇게만 한다면 용감하고 아름다운 '영 삼총사'라고 행복의 여신이 큰 상을 내려 주실 것 같은데…. 지영이는 그렇게 생각하지 않니?

지영아! 이 편지를 시작으로 해서 종종 지영이를 찾아가는 편지가 있을 거야. 누가 보내는 편지일까 궁금하게 생각하지 말고 그저 편지를 기다렸다가 오면 받아 읽으렴.

기다리는 시간은 기다림이 없을 때보다 행복할 테니까 편지를 기다리는 데 손해될 거야 없겠지? 오늘 첫 번째 편지에서 지영에게 꼭 부탁하고 싶은 것이 있단다. "행복의 씨앗은 자기 마음속에 간직하고 있는 것이어서 스스로 싹을 틔우고 가꾸어야지 누구도 대신할 수 없다는 것을 명심하였으면 해."

편지의 마지막 부분을 읽으면서 지영이는 볼우물 언니가 말한 돌쟁이 아들의 놀이방 선생님이 바로 왕언니이며, 이 편지를 보낸 사람도 왕언니라는 것을 알 수 있었다. 그러나 지영이는 그 사실에 대해서는 아무것도 모르는 척 침묵하기로 했다. 왜냐하면 천사표 언니가 보내 주는 편지를 계속 받고 싶고, 또 그 편지는 지영이의 행복 나무를 아름답게 자라게 하는 자양분이 될 것만 같아서이다.

진주조개는 아파요

나는 청각 장애인입니다. 나이는 열여섯 살, 이름은 박보람이구요.

초등학교 입학하기 전까지만 해도 나이에 비해 깜직스러운 말을 곧잘 재잘거려서 엄마 아빠에게 많은 즐거움을 안겨 주기도 했던 내가 농아로 살아온 지 벌써 10년 세월이 흘렀습니다.

나의 운명을 가혹하고 잔인하게 바꾸어 버린 청천벽력 같은 일은, 어느 날 너무나도 갑작스럽게 일어났습니다. 동네 놀이터에서 또래들과 신나게 놀던 내가 어지러워 쓰러지면서 이전의 내가 아닌 다른 나로 태어나게 되었지요.

원인 모를 심한 열병으로 며칠 간 혼수상태로 있다가

깨어났을 때, 제일 먼저 내가 본 것은 무척 수척해진 엄마 아빠의 입이 나를 향해 붕어가 물을 뿜는 것처럼 벙긋거리는 모습이었습니다. 참으로 이상했습니다. 몹시 안타까워하시는 듯 애타게 제 이름을 부르는 것 같기도 한데, 내 귀에는 아무런 소리가 들리지 않았습니다. 어쩌면 세상이 이렇듯 조용할 수 있는지, 물어보고도 싶었지만 며칠 전까지만 해도 종달새처럼 조잘대던 그 말들이 어디로 숨어 버렸는지 도통 말이 나오질 않았습니다.

세상 모든 부모가 그러하듯 엄마 아빠는 모든 정성과 사랑을 나에게 쏟으시며 유명한 의사를 수소문해서 나에게 청각을 찾아 주려 했지만 허사였습니다. 그때만 해도 나이가 어린 탓인지 나는 깊은 실망감이라든가 슬픔 같은 것을 별로 느끼지 않았습니다. 대신 그 고통과 슬픔은 외동딸을 금지옥엽으로 사랑하신 부모님의 몫으로 돌아갔습니다. 그렇지만 시간이 점점 흘러가면서 나 자신도 어떤 두려움과 절망감에 휩싸이기도 하였지만, 부모님께서 내게 쏟는 헌신적인 보살핌과 사랑을 알고 있기에 조금이라도 마음을 가볍게 해 드리고 싶어서 밝고 명랑하게 살려고 노력했습니다. 그러나 무척 힘들었습니다. 특히 일반인들이 모이는 자리에서는 언제나 이상한 호기심과 동정의 눈길로 쳐다보며 잘난 자기들과 편 가름하는 사람이 있지요. 그런 때면 마음에 상처를 입지 않을 수가 없었습니다. 하지만 그 아픈 마음을 좀처럼 누구에게 내 보이지는 않았습니다. 어쩐지 그 아픔을 혼자서 견디고 또 견디노라면 어떤 값진 인생이 나를 찾아 줄 것 같아서였습니다.

그렇습니다. 그것은 하나의 예시였고 또 확실한 신념이었습니다. 서울 가톨릭 농아 선교회 미사에 참여했을 때 신부님이 강론 말씀 중에 해 주신 진주조개 이야기로 인내의 가치를 깨닫게 된 것입니다. 한 알의 영롱한 진주를 만들기 위해서는 오랜 세월 동안 고통을 감내해야만 가능하다는 말씀에 눈물 날 만큼 가슴이 찡했습니다. 그리고 장애인을 위한 미사에서 신부님의 말씀을 수화로 우리들에게 전해 준 유경미 안젤라 언니와의 만남은 암울한 내 생활에 신선한 활력을 가져다주었습니다. 처음 미사에 참여한 탓에 긴장해 있는 나에게 단번에 포근하게 안길 수 있을 정도로 따스한 미소를 건네며, 언니는 엄지손가락과 집게손가락 그리고 새끼손가락을 펴 보이며 "나는 너를 사랑한다."라는 수화로 다가왔습니다. 나보다 열 살 정도 많다고 했지만 언니가 없는 내게는 정말 친언니처럼 가깝게 느껴졌습니다. 그래서 나는 금방 이것저것 물어보았죠. 물론 수화로 말입니다. 언니는 친절하게 대답해 주었고 내가 묻지도 않았는데 이런 말도 해 주었습니다. 우리나라에는 35만 명이 넘는 농아가 있고 그 많은 농아에게 하느님의 사랑을 전하고 싶어서 틈틈이 수화를 배워 이제 겨우 하느님 말씀을 전할 수 있게 되어 무척 기쁘다구요.

어느 날 언니는 삶을 비관하는 제게 말했습니다.

"들을 수 없고 말할 수 없다고 해서 슬픈 존재는 아니란다. 청각 장애를 갖고 산다는 것이 약간 불편할 수는 있어도 절대 절망적인 것은 아니야. 아침에는 힘차게 솟아오르는 태양을 볼 수가 있고, 저녁에는 아름다운 노을도 볼 수 있으며, 사계의 신비스러운 계절의 변화를 모두 볼 수 있지 않니? 그리고 무엇보다 너를 사랑하는 어머니와 아버지, 그리고 네가 사랑하는 사람들의 모습을 볼 수 있으며 하느님께서 창조하신 모든 피조물의 신비스러운 조화를 느낄 수 있으니 이것이 축복이 아니고 무엇이겠니?"

그 말을 하는 언니는 천사처럼 보였습니다. 자칫하면 이 사회에서 소외되기 쉬운 청각 장애인에게 사랑의 말을 전하기 위해 수화를 익힌 경미 언니와 나처럼 진주알을 품고서 어떤 고통을 감내하고 있는 우리 농아들을 위해 특별 미사를 집전해 주시는 신부님을 보면서 나는 아름다운 세상 아름다운 사람들을 만난 행복감에 젖어 들었습니다.

그 후 매 주일마다 성당을 찾았고, 언니를 만나면 병아리가 어미 닭을 따르듯이 언니를 졸졸 따라다녔습니다.

언니와 얘기를 하고 시간을 함께 보내는 것이 나에게 큰 즐거움이었습니다. 언제나 온화한 미소로 성경 속 인물과 동화 이야기를 끊임없이 들려주는 언니는 지금까지 살아오면서 부모님을 빼고 내게 가장 큰 즐거움을 주는 분이었습니다.

나는 가끔 '쥠쥠 어린이 놀이방'도 찾아갔고 아기들과 놀아 주기도 하였습니다. 아이를 맡긴 어른들이 언니와 내가 수화로 얘기하는 것을 보고 뜨악한 시선으로 쳐다보다가도 언니가 몇 마디 하면 금세 밝은 표정이 되곤 하였습니다. 그들은 언니를 퍽 신뢰하는 것 같았습니다.

　보통 사람들은 농아와 함께 있는 것을 불편해 하거나 꺼려하는 눈치를 보이기도 하는데 경미 언니는 그렇지 않았습니다. 가끔 내가 귀찮지 않느냐고 물어볼라치면 언니는 나와 가까이 지내기 때문에 수화를 더 많이 배워 사랑의 말씀을 더욱 충실하게 전할 수 있게 되어 오히려 고맙다고 했습니다.

　우리 두 사람은 그렇게 가깝게 지냈습니다. 자매처럼 수화를 하면서 식당도 가고 백화점도 갔습니다. 사람들이 힐끔힐끔 우릴 쳐다보았지만 나는 예전처럼 주눅 들거나 슬프지 않았습니다. 언니를 통해 주님의 말씀을 들으면서 당당하게 사람과 사물을 사랑하며 사는 법을 배웠기 때문입니다.

　그러나 한번 만난 사람은 언젠가는 헤어지기 마련인 것, IMF 이 알파벳 석자가 무슨 뜻인지 잘 알지도 못하는데, 그것 때문에 아버지께서 하시는 사업이 경영난을 겪어 정리할 수밖에 없는 상황이 되었습니다. 그래서 우리는 대전 할아버지 댁과 합치게 되어 우리가 대전으로 이사를 가게 된 것입니다. 나는 무엇보다 언니와 헤어지는 것이 슬펐고, 만나기 어렵게 된 것이 가장 마음 아팠습니다.

'떨어져 있던 사람도 이맘때가 되면 서로 만나는데 하필이면 성탄절을 코앞에 두고 언니와 멀리 떨어지게 되었으니…' 이런 생각이 들자 자꾸만 눈물이 나오려고 했습니다. 슬픔을 삭이기 위해서도 언니에게 무언가 선물을 해야겠다며 나는, 지난날 한때 친구가 없는 내게 친구가 되어 주었던 커다란 곰 인형 한 쌍을 언니네 놀이방에 선물하기로 했습니다.

두 팔에 가득 안긴 곰에 가려 언니의 얼굴을 잘 볼 수 없었지만 언니는 언제나처럼 나를 반갑게 맞아 주었습니다. 반기는 언니의 마음이 손에 실린 탓인지 언니의 수화 손놀림은 무척 경쾌하고 힘 있어 보였지만 반대로 나의 손놀림은 힘이 없고 슬프게 흐느적거렸습니다.

언니는 금방 나의 슬픈 마음을 알아 차렸고, 내가 이

사를 가게 되었다고 했을 때는 약간 놀라긴 했지만 나처럼 슬퍼하지는 않았습니다. 잠시 후에 내가 갖고 간 인형 수곰에게는 안경과 나비넥타이를, 암곰에게는 머리 리본과 목띠 리본 장식을 해서 순식간에 앙징스럽고 예쁜 부부 곰 인형을 만들어 놓고서 나에게 말했습니다.

"선물한 보람이가 고마워서 곰을 사랑하고 가까이하려고 곰 인형을 이렇게 장식했어. 언제 어디에서 누구에게든 자신이 먼저 마음을 열고 다가가려고 노력하면 여러 길이 있고 노력하면 가까워지고 상대방도 곧 내게로 다가오게 된단다."

그러고는 잠시 생각에 잠긴 언니가 가느다란 언니의 무명지에 끼어 있는 작은 진주알이 박혀 있는 반지를 빼어 내 장지에 끼워 주었습니다.

"진주는 고통과 사랑의 결정체야. 내가 소중하게 생각하는 것이지만 보람이에게 선물로 주는 것이니, 헤어지는 것을 너무 섭섭하게 생각지 말고 언젠가는 또 만날 수 있으려니 기대하며 지금처럼 씩씩하고 밝게 살아야 한다. 알겠지?"

진주의 의미를 알고 있기에 언니의 깊은 뜻을 알 수 있을 것 같았습니다. 작은 이별에 흔들리지 말고, 앞으로 어떤 어려움이 닥치면 진주 반지를 보면서 굳건히 잘 견디라는 뜻이 분명했습니다.

내 가운뎃손가락으로 자리를 옮긴 언니의 진주 반지를 보면서 나는 언니를 처음 만났을 때를 떠올렸습니다.

그 무더운 여름날, 성당 제대 옆에서 우리에게 수화로 사랑의 말을 전할 때의 모습, 이마에는 땀방울이 송골송골 맺혔지만 천사처럼 너무나 아름답고 행복해 보였던 언니…. 어느 누구도 말해 주지 않았지만 나는 바로 알 수 있었습니다. 그 언니가 바로 천사표 언니라는 것을요.

쫌쫌 어린이 놀이방을 나와 집으로 향하던 걸음을 멈추고 뒤돌아보는 내게 언니는 처음 만났을 때와 같이 손가락 세 개를 펼쳐 보였습니다. 그것도 힘차게 말입니다.

순간 나는 언니의 손에서 빛을 보았습니다. 그리고 어떤 울림이 들렸습니다.

"보람아! 너도 노력한다면 누군가로부터 천사표 언니로 사랑받고 기억에 남을 수 있단다."

주인 없는 생일 케이크의 메아리

　　북한산을 바로 곁에 두고 사철 산의 아름다움을 만끽하며 사는 '푸른 빌라' 주민들은 계절의 변화에 민감한 반응을 보인다. 처음 이사 왔을 때는 미처 느끼지 못하다가도 오래지 않아 숲의 아름다운 변화를 느끼고, 꽃의 현란함에 매혹되어 자연스럽게 자연 예찬론자가 된다. 그러고는 자연 가까이 살아 보지 않고서는 자연이 얼마나 아름다우며 인간에게 크나큰 은혜를 베푼다는 것을 알 수 없다고 이웃과 얘기를 나누며 꽃과 나무 사랑에 빠져든다.

　　올해 봄은 유난이 짧았다. 봄철에 차례차례 피는 꽃들, 그 아름다움을 제대로 감상할 시간을 주지 않고 따가운 햇볕이 쏟아졌다. 그래서 푸른 빌라 주부들은 "계절이 힘겨루기를 해서 봄이 여름에게 패했다."고도 하고 "계절도 사람을 닮아서 지켜야 할 제 본분을 망각하고 제멋대로다."라고 한탄하며 봄이 오는가 했는데 금방 여름이 되었다고 잃어버린 봄을 아쉬워했다.

이상기류에 밀려 시간을 채우지도 기다리지도 못했을지라도 꽃은 피워야만 했다.

진달래, 개나리, 산수유, 목련, 라일락 그리고 아까시나무, 오동, 아가위, 벚꽃 등 봄에 순차적으로 피는 꽃들이 한꺼번에 왕창 피었다가 한눈 파는 사이에 봄비를 맞고 우수수 함께 졌다.

그러고는 곧 여름으로 바뀌었다. 봄을 빼앗긴 사람들은 꽃놀이의 즐거움도 누리지 못하고 긴 무더위에 시달려야만 했다.

힘겨운 6월의 이른 더위를 보내느라 지친 사람들에게 '씨랜드 청소년 수련원' 화재 소식은 너무나 큰 충격을 안겨 주었고 더욱 지치게 만들었다.

유경미는 동생들이 요즈음 부쩍 우울해 하는 것은 더

위에 시달리고, 또 연일 보도되는 수련원 어린이 참사 때문이려니 해서 아무 말도 하지 않고 기색만 살폈다.

그 이유라면 자신의 능력으로 동생들을 위로해 줄 말이 없기 때문이다.

인영이, 아영이보다 가운데 지영이가 더 심각한 듯 말도 않고 밥도 먹는 둥 마는 둥 누구와 눈도 맞추지 않으려 했지만, 눈에 가득 담고 있는 슬픔이 경미에게는 보였다.

그 지영이가 오늘 아침 동생 인영이의 손을 꼭 잡고 학교로 가면서 왕언니에게 한 통의 편지를 건넸다.

언니야! 어른들은 왜 그런다지? 씨랜드 청소년 수련원에서 일어난 불은 어른들이 법을 지키지 않았기 때문이라고 했어. 돈 몇 푼 더 벌려고 온갖 부정을 저질러서 결국 그처럼 무섭고 가슴 아픈 일이 일어났으니 우리 어린이들이 어떻게 어른들을 믿고 따르며 배울 수 있겠어?

7월 3일은 가현이와 나현이의 일곱 번째 생일인데 생일날 주인공은 없고 케이크와 눈물과 통곡만 있었대. 우리 선생님께서 종례 시간에 말씀하셨어. 이 땅에 두 번 다시 이런 어처구니없는 비극이 일어나지 않도록, 그리고 어른들의 잘못으로 저 세상으로 간 열여덟 명의 어린 동생들의 넋과 네 분 선생님의 영혼을 위해 기도하자고 해서 우리 반 친구들은 모두 두 손 모아 간절한 마음으로 기도를 바쳤어. 근데 자꾸만 눈물이 나왔어. 그 애들이 너무 불쌍해서 울면서 엄마 아빠도 생각했어. 언제라도 부르기만 하면 '귀여운 우리 딸!' 하고 두 팔 벌려 반겨 주는 엄마 아빠. 아침 눈을 뜨는 순간 부르고 싶고, 매일매일 보고 싶고 목소리가 듣고 싶어서 미칠 지경이지만 언니들이 걱정할까 봐, 그리고 불쌍한 내 동생 인영이에게 의젓한 언니가 되어야겠기에 참고 또 참았어. 그런데 TV 화면에서 치솟는 불길과 분노하고 슬퍼하며 통곡하다가 기절하는 가족들을 보고, 또 오늘 기도하면서 생각하니까 참고 사는 내가 싫었어. 누군가에게 막 화풀이 하고 싶고, 앙탈을 부리며 우리 엄마 아빠 내놓으라고 발을 굴리며 울고 싶어졌거든.

    엄마 아빠도 정신 나간 한 어른의 실수로 돌아가셨잖아. 술 먹은 아저씨가 운전대를 잡아 급하게 달리다가 우리 아빠 차를 받았기 때문에 행복했던 우리 세 자매는 고

아가 되고, 언닌 우리 땜에 고생하고 있잖아. 정말 답답해. 조금만 조심하면 될 것을 어른들은 왜 그런 실수를 저질러서 사람들에게 엄청난 비극을 안겨 주는 거지?

　수련원에 가기로 신청했던 소망 유치원 원생의 한 아버지는 먼저 다녀온 친척이 찍어 보내 준 사진을 보고는 건물이 난민 수용소 같아 불안해서 떠나기 전날 취소했기 때문에 아들이 화를 입지 않았다면서. 그 아저씨는 사진을 보고도 건물이 안전하지 못하다는 것을 알았는데, 처음부터 계획적으로 돈을 벌기 위해 나쁜 일을 꾸민 사람은 그렇다 치고, 그곳을 다녀간 많은 선생님과 어른들은 왜 보고도 위험하다는 것을 느끼지 못했을까? 너무나 이상해. 아무리 생각해도 모르겠어. 그런 걸 생각하면 어른들이 무섭고 싫어서 밥도 먹기 싫고 공부도 하기 싫고 모든 게 귀찮기만 해. 이렇게 불안한 세상, 어른을 믿을 수 없는 세상, 언제 어떤 불행한 일을 당할지도 모르는데 살겠다고 애쓸 필요 있을까? 이런 말을 하면 언닌 "어른을 믿고 사는 게 아니라 주님을 믿고 사는 거야. 주님과 함께하는 삶은 참으로 가치 있는 소중한 삶이야."라고 말하겠지.

그래, 우리 곁에는 항상 주님이 계신다는 건 알아. 그 주님께서 어른들 좀 꾸짖어 주시면 안 돼? 어른들은 '어린이 헌장'을 만들어 놓고도 그걸 지키지 않고 '5월은 푸르구나 우리들 세상'이라고 노래 부르게 해 놓고는 어린이들을 유괴하고 학대하니 벌을 받아야 하지 않겠어?

언젠가 언니가 말했지. 사람은 태어날 때는 누구나 천사라구. 천사로 태어나 나이를 먹으며 나쁜 것을 배우게 되면서 천사의 날개를 하나하나 자르고 있다구. 그러나 착하게 살려고 노력하면 그 날개를 자르지 않고도 살 수 있다고 했지. 근데 언니야, 지영이는 천사로 살 자신이 없어. 내 눈에는 어른들이 나쁜 짓을 너무 많이 해서 세상이 온통 오염투성이가 되어 우리가 살아가야 할 세상을 망치고 있어. 그러면서도 모두 자기만 옳다고 소리치며 좋은 일보다는 나쁜 일 하는 데 정신을 쏟고 있으니, 우리 아이들은 무얼 보고 희망을 갖고 살라는 거지?

지금 내 곁에 왕언니 같이 착한 사람이 없었다면 난 아마 집을 뛰쳐나가 위험천만한 삶을 살고 있었을지도 몰라. 초등학교 6학년인 내가 너무 엉뚱한 생각을 해서 놀랐지?

그렇지만 언니야! 너무 걱정하지 마. 하느님을 생각하며 언니를 생각하며 지영이 잘 견디어 볼게. 그리고 오늘 이 편지를 끝내고부터는 어른들 미워하는 마음도 멈추도록 노력하려고 해. 이렇게 언니한테 편지 쓰니까 그럴 수 있을 것 같아. 마음이 좀 편안해졌거든.

지금 시간은 12시 10분전, 언니는 항상 12시 되기 전에 잠자리에 들어야 한다고 했지? 나쁜 어른들이 착한 어른 되게 해 달라고 기도하고 잘래. 언니 안녕~.

- 불에 타 죽은 쌍둥이 자매의 생일날, 어른들이 너무 미워 왕언니께 편지 씀.

경미는 아침에 엉겁결에 받아 넣은 편지를 읽을 새가 없어 아기들이 오후 잠에 소록소록 빠져드는 평화롭고 조용한 시간이 되어서야 읽게 되었다. 편지를 읽으며 경미는 가슴에 바윗덩이가 짓누르는 듯 답답했다. 그리고 자신도 모르게 눈물을 쏟았다.

편지를 읽고 또 읽으면서 자꾸만 눈물을 흘렸다. 아이들이 상처받은 그 아픈 가슴을 어른들이 어떻게 치유해야 할지 그 길이 보이지 않아 슬펐다. 그리고 어린 동생이 그토록 심하게 마음을 앓고 있는데도 그냥 잘 지내려니 하고 지나쳐 버린 자신이 동생에게 너무 미안해서 가슴이 아렸다.

쥠쥠 어린이 놀이방의 아가들이 꿈속에서 천사들을 만날 때, 우리 동네 천사표 언니는 사랑하는 동생의 편지를 눈물로 적시고 있었다.

정자 언니의 크리스마스 선물

잿빛 구름이 바로 보이는 산허리에 걸쳐 있다.

겨울 방학을 앞둔 동생들의 얼굴에서는 방학을 기다리는 여느 학생들처럼 기대감과 기뻐하는 모습을 찾을 수가 없어서 유경미는 날씨만큼이나 기분이 우울하고 몸도 찌뿌둥하다.

언니 부부의 3주기가 며칠 남지 않았다. 주님께서 이 땅에 오신 날을 기리며 온 세상이 기뻐하는 12월 성탄절을 며칠 앞두고 돌아가셨으니 생각할수록 기가 막혔다. 그러나 불의의 사고로 돌아가신 고인들을 원망할 수는 없었다. 크리스마스는 누구에게나 기다려지는 기쁜 날이다. 특히 어린이들에게는 가장 받고 싶은 선물을 받을 수 있는 날이기에 최대의 기쁜 명절이다. 그러나 이제 동생들에게는 부모 잃은 가장 슬픈 달로 기억될 것이다. 달력이 한 장만 남았을 때부터 경미의 고민이 더해졌다.

지난 3년, 계절이 바뀌고 해가 바뀔 때마다 동생들의 몸과 마음이 성큼성큼 자라고 있음을 느꼈다. 이제는 막내 인영이까지 하는 짓과 생각이 제법 어른스러워 오히려 경미의 가슴이 아팠다. 동생들이 그렇듯 별 탈 없이 자라고 있음에 감사하다가도 그 여린 가슴의 상흔을 생각하면 가시가 걸린 것처럼 늘 따끔거린다.
'방학하면, 연미사 드리고 그 다음엔 어떻게 한다?'
작년, 재작년 기일에는 세 자매가 서로 부둥켜안고 눈물을 흘렸고, 해가 바뀌어 새해 인사가 오가는데도 밖으로 나가려 하지 않았다. 어떻게 달래 볼 엄두가 나지 않아 차라리 마음껏 슬퍼하고 실컷 울도록 내버려 두었다.
그러나 이젠 그런 식의 슬픔은 끝내도록 해야 한다고 경미는 생각한다. 그리워하긴 하되 계속 슬픔에 젖어 있게 두어서는 안 된다는 생각은 확고하건만 어떻게 해야 할지 그 방법이 떠오르질 않는다. 놀이방에서 어린이를 보살피면서도 요 며칠은 오직 그 생각뿐, 떨칠 수가 없었다.

산등성이에서 내려다본 마을은 조용하고 평화롭게 보였다. 휴전선 가까운 농촌이어서 흔히 볼 수 있는 도시화된 농촌 풍경이 아닌 여전히 때 묻지 않은 자연의 의구함을 보인다. 실개천에 흐르는 물이 개천 밑바닥을 다 내보이고 있어, 한 모금 마시고 싶을 정도로 맑고 깨끗하다.

지영이와 아영이는 마을 어딘가를 유심히 보고 있는 경미 언니의 모습이 평소와 달리 무척 심각해 보여서 "여기가 어딘데…?" 묻고 싶었지만 참았다. 그러나 막내 인영이는 그대로 참을 수 없다는 듯 왕언니의 얼굴을 쳐다보며 손을 잡고 살살 흔들었다.

"언니야! 왜 그래? 무슨 생각을 하고 있는 거야? 암말 않고 있는 것 싫어."

두려운 마음에 인영이의 말끝은 약간의 울음과 떨림이 배어 있었다.

경미가 오래도록 바라보고 있는 것은 저 멀리 보이는 오래된 돌다리이다. 갑자기 그 다리에 얽힌 아름답고 가슴 아픈 얘기를 동생들에게 들려주고 싶었고, 자신이 어렸을 때 부모님과 행복하게 지낸 곳을 오랜만에 찾아보고 싶어서 동생들에게 두툼한 옷을 입혀 이곳 산골 마을을 찾은 것이다. 그 얘기를 들으면 동생들이 슬픔에서 헤어날 수 있을 것도 같고, 또 한편으로는 자꾸만 허물어지려는 자신의 마음도 추스를 수 있을 것만 같아서 한 걸음이다.

군인이었던 아버지를 따라 이곳으로 이사 와 초등학교를 다녔던 2년 동안 건너다닌 정자교正子橋! 이 다리에 얽힌 얘기는 어린 경미에게 퍽 감동적이어서 15년이 넘도록 기억에 남아 있었다. 한동안은 세상사에 휘둘리며 사노라 잊고 있었는데, 얼마 전 동생들의 슬픈 얼굴을 지우려는 방법을 찾다가 정자교가 선명하게 떠오른 것이다.

겁먹은 눈빛으로 언니를 바라보는 인영이의 어깨를 보듬으며 경미는 다른 한 팔로 마을을 가리켰다.

"인영아! 저기 저 곳, 이 언니가 너만 할 때 살던 곳이란다. 그리고 저 왼쪽에 보이는 강나루에 다리가 보이지? 그 다리에 얽힌 아름다운 얘기를 언닌 지금까지 마음에 담고 있지."

그리고는 '정자'라는 아가씨의 이름을 따서 만들어진 '정자교'에 관한 얘기를 풀어 나갔다.

오래전에 정자라는 마음씨 착한 처녀가 이 마을에 살았어. 원래는 강 건너 저쪽 마을에 살았지만 산사태로 부모와 어린 동생을 잃고 친척이 사는 이 마을로 와서 살게 되었지. 며칠 후 정자가 헌 나룻배 한 척을 구해 땀을 뻘뻘 흘리며 손을 보고 있는데도 마을 사람들은 나룻배로 무얼 할 것인지에 대해 별로 관심이 없었어.

어느 날 새벽, 아무도 타지 않은 빈 나룻배를 저어 강을 건너간 정자가 한참 지나서 두 명의 아이를 태우고 온 거야. 강 건너 마을에 사는 아이들은 학교를 가기 위해서 강둑을 돌고 돌아 한두 시간을 걸어야 하지만, 배를 타면 10여 분이면 올 수 있는데도 아무도 아이들을 위해 배를 띄울 생각을 하지 않았대.

정자가 그 일을 하려고 마음먹은 것은 학교 오가는데 서너 시간을 빼앗긴다면서 정자의 부모가 학교에 보내주질 않았기 때문에, 너무나 학교에 가고 싶은 정자는 동생이 학교 갈 때쯤에는 꼭 배를 마련해서 건네주려고 마음먹었대. 그런데 그만 산사태로 동생을 잃은 거야. 정자는 곰곰이 생각했지. 동생을 잃었다고 해서 그 일을 그만둘 것이 아니라 많은 다른 아이들을 위해서 배를 띄워야겠다고 말이야.

그래서 시작한 뱃사공일은 방학 때를 제외하고 아침저녁 등하교 시간에 맞추어 하루 두 번 배를 저었어. 처음 두 명의 아이가 세 명이 되고 해가 거듭되어 다섯 명으로 불어나도 노를 젓는 사람은 정자 한 사람 뿐, 다른 사람들은 제각각 농사일이 바빠 도와줄 생각조차 하지 않았지.

정자는 그 일이 힘에 겨워 어떻게 다리를 놓을 방법이 없을까 여러 가지 궁리해 보았지만 별 뾰족한 수가 없었어. 힘에 부친 정자는 점점 쇠약해져 갔지만, 그 나룻배가 그녀의 십자가인 양 쉽게 놓을 수가 없었어. 목을 빼고 자신을 기다리는 어린 아이들의 얼굴을 생각하면 아무리 몸이 아파도 쉴 수가 없었던 거야. 너무 힘들 때는 교회 문 앞에 한 번도 가 보지 못하였지만 간절한 기도를 바치기도 했어.

'하느님! 이곳에 다리 하나를 놓아 주세요. 우리 농민들을 말할 것도 없구요. 군에서도 면에서도 돈이 없어서 다리를 놓을 수가 없대요. 학생 몇 명을 위해서 많은 예산을 들여 다리를 놓을 수 없다는데 어떻게 해요? 저도 학교 가고 오는 시간이 너무 많이 걸리고 또 걸어서 다니느라 힘에 부쳐 집안일 거들지 못한다고 부모님이 학교에 보내 주지 않아 공부를 못 했어요.

정말 학교에 가고 싶었는데 그때의 슬픔이 얼마나 큰지, 겪어 보지 않은 사람은 알지 못해요. 우리 마을에 혹시라도 나 같은 사람이 또 생길까 봐 이 일을 시작했고, 그래서 몸이 아파도 멈출 수가 없어요. 하느님! 제 기도를 들어주세요. 제발.'

7월의 뙤약볕이 유난했던 그해 여름 방학이 시작되는 날, 안간힘을 다해 아이들을 건네주고 집으로 돌아가는 길에 현기증이 나서 주저앉은 정자가 눈을 감은 채 또 간절한 기도를 바쳤지.

그때 가까운 듯 먼 듯, 지프차의 클랙슨 소리가 들려

간신히 정신을 차린 그녀의 눈에 먼저 들어온 것은 유난히 반짝이는 군화의 콧등이었어. 올려다보니 장대 같은 군인이 온화한 얼굴로 정자를 내려다보면서 "아가씨가 돈 한 푼 안 받고 배를 건네주는 처녀 뱃사공이군, 우리 집안 조카 하나도 처녀의 공짜 손님인데 얘기하더군, 처녀가 바라는 것 오직 하나, 이곳에 다리를 놓는 것이라고 했다면서? 지금도 그 생각이 변함없는 거요?" 하고 물었어.

정자는 너무나 당연한 물음에 답할 필요가 없다는 듯 아무 말도 않고 있으니 그 마음을 꿰뚫어 보기나 한 듯 말똥 세 개의 계급장을 단 당당한 군인 아저씨가 "아가씨! 크리스마스라고 들어 보았나? 크리스마스를 아는 어린이들은 자신이 가장 갖고 싶어 하는 것을 크리스마스 때 산타 할아버지를 통해 갖다 달라고 하느님께 기도하지. 그러면 소원이 이루어진다고 하더군, 아가씨도 기도해 봐. 크리스마스 선물로 돌다리 하나 달라고. 그러면 산타 할아버지가 여기에 다리를 놓아 주실지도 모르잖아." 하고는 호탕한 웃음을 날리며 지프차에 올라 사라졌어.

정자는 왠지 그 늠름한 군인 아저씨의 말에 믿음이 갔

어. 그래서 모습이 사라진 군인 아저씨를 향해 대답했지.

'크리스마스가 12월 25일이라는 것쯤은 저도 알아요. 지금부터 크리스마스까지 다섯 달가량 남았으니 그동안 저 열심히 기도할 거예요. 그때 산타 할아버지가 다리를 놓아 주지 않으면 아저씨가 대신 해 줘야 합니다.'

여름 방학이 끝나 개학이 되자 아이들은 다시 시오+五리가 되는 길을 걸어 다녀야 했어. 정자가 너무 무리해서 병을 얻은 데다 영양실조까지 겹쳐 노를 저을 수 없을 정도로 쇠약해졌기 때문이야. 앓고 있으면서도 정자는 열심히 기도를 했지.

들판에 곡식이 무르익어 농민들이 뒤볼 시간도 아깝게 여길 만큼 바쁜 수확기에 나루터에서는 일이 벌어지고 있었어. 군인들이 다리를 놓고 있었던 거야.

다리가 완성되어 가는데도 정자는 그 사실을 모르는 채, 농번기라 누가 들여다보는 사람도 없이 외롭게 죽어 갔어.

그때 그 말똥 세 개의 계급장을 단 군인 아저씨가 정자를 찾아온 거야.

군인 아저씨는 물론, 마을의 어느 누구도 정자가 그렇게 심하게 앓고 있다는 것을 몰랐지.

죽어 가는 정자를 발견한 군인 아저씨가 놀라 정자를 안으며 말했어.

"이봐, 아가씨! 아가씨가 너무 훌륭하고 그 뜻이 가상해서 우리 부대가 다리를 놓아 주기로 했어. 그런데 좋아할 아가씨가 보이지 않아 궁금해서 물어물어 찾아왔더니 이게 무슨 일이람? 공사가 끝나 가는데 힘을 내서 크리스마스 선물 받을 준비를 해야지, 힘내요."

넓고 푸근한 군인 아저씨의 품에 안겨 정자는 다리가 만들어진다는 말을 듣고 감격의 눈물을 흘리며 간절한 목소리로 말했어.

"고마워요. 아저씨! 그 다리 크리스마스 전에 완공될 수 있어요?"

"그럼, 산타클로스 할아버지가 뱃사공 아가씨에게 주는 크리스마스 선물이니까."

윙윙거리듯 울리며 귀전을 두드리는 군인 아저씨의 확

신에 찬 말을 듣고 안심한 정자가 모깃소리처럼 가는 목소리로 말했어.

"제게 주는 선물이니 아저씨 부탁이 있어요. 그 다리에 제 이름을 붙여 주세요. 내 이름은 정자예요." 하고는 아주 행복한 표정을 짓고는 숨을 거두었어.

마을 사람들은 정자의 뜻을 따라 다리에 '정자교'라는 이름을 새겼고, 정자의 아름다운 마음을 칭송하며 그 마을의 천사표 아가씨로 전해오고 있어.

어렸을 때 이 얘기를 들으면서 나도 어른이 되면 그 이야기의 주인공처럼 좋은 일을 하려고 결심했었지. 인영아, 지영아 그리고 아영아! 사람은 어떤 환경에서도 다른 이들을 위해 가치 있고 보람된 일을 하면서 기도하면 그 소망은 이루어지고 행복해지는 거야. 이 언니가 힘이 모자라 너희들의 마음을 다 헤아릴 수 없어 미안하지만, 나보다는 너희들을 믿고 주님께 기도하면 너희 '영' 자매 세 사람 밝고 아름다운 삶을 살 수 있을 것이라고 언니는 믿어. 너희들도 믿는 거지?

왕언니의 얘기를 듣고 난 세 자매가 잠시 말없이 있다가 맏이인 아영이가 결의에 찬 표정으로 침묵을 깼다.

"언니가 그 얘기를 왜 했는지 알겠어. 언니가 실망하지 않도록 우리도 노력할 테니 너무 걱정 마."

아영 언니의 확신에 찬 말을 들으며 인영이와 지영이는 똑같은 생각을 하고 있었다.

'우리들의 천사표 언니는 정자 언니, 경미 언니, 그리고 아영 언니로 이어질 것이라는 것을….'

천사표 언니가 또 있어요

옷소매와 옷깃을 다시 여미게 하던 꽃샘바람도 어느 샌가 물러가고, 봄을 알리는 보슬비가 학교 마당에 있는 화원과 담 옆에 가지런히 뿌리박고 있는 관목들을 촉촉이 적셔 주고 있다.

나는 우산을 받을 생각도 않고 참새 떼처럼 재잘거리며 교문을 나서는 친구들의 틈을 급하게 비집고 나와 뜀박질하듯 경사진 내리막길을 내달렸다.

사표思俵 언니가 근무하는 은행 문의 셔터가 내려질까 봐 마음이 급해서였다.

나는 사표 언니가 좋았다. 그래서 교통비도 아끼고 용돈도 아껴서 은행으로 달려가 예금을 하면서 예쁜 언니 얼굴을 보기도 하고, 몇 마디 얘기도 나누곤 한다. 화장기 없는 새하얀 얼굴에 생끗 웃을 때면 왼쪽 뺨에 가느다랗게 패는 보조개가 너무나 매력적이어서 나를 더 끌어당긴 것 같았다.

　내가 사표 언니를 처음 만난 것은 1년 전 초등학교를 졸업하고 며칠 지나서 경미 언니가 졸업 선물로 예금 통장을 만들어 준다면서 은행에 데리고 갔을 때였다. 그때 나는 은행이란 곳을 처음 들어가 보아서 호기심이 발동해 여기저기를 살펴보았다. 은행이란 곳이 돈을 찾고 맡기는 곳이라고 막연히 알고 있었지만 막상 들어가 보니 하는 일이 여러 가지인 것 같아 신기하였다.

　아주 깨끗하고 정돈된 분위기에서 모든 직원은 방문객에게 친절했다. 다른 무엇보다도 멋진 유니폼을 맵시 있게 입고 가벼운 손놀림으로 컴퓨터의 키보드를 두들기는가 하면 재빠르게 돈을 세는 은행원 언니들이 너무나 근사하고 멋지게 보여 관심이 갔다. 그 중에서도 경미 언니 어깨 너머로 보이는, 눈이 잘 보이지 않는다는 할머니에게 아주 친절하게 대답해 주는 언니의 인상이 좋았는데 더구나 가슴에 달린 '천사표'란 이름표가 나의 호기심을 끌기에 충분했다.

'천사표라니…, 진짜 이름일까?' 이름이 참 특이하다고 생각하고 있었는데 경미 언니가 내게 예쁜 통장과 도장을 내밀었다.

"자, 지영이가 중학생이 된 기념으로 언니가 이 통장을 선물한다. 5만원 입금했으니까 이제부터 용돈을 아껴서 저축도 하고, 또 필요할 때는 예금을 찾아서 쓰기도 하면서 잘 관리해 봐. 통장을 관리하면서 지영이는 더 성숙해질 거야."

나는 갑자기 어른이 된 기분이라 조금 머쓱한 표정으로 통장을 받아들고 무심코 고개를 돌려 그 천사표란 이름표를 단 언니를 쳐다보았다. 어찌된 일인지 그 언니 역시 나를 쳐다보고 있었고, 나와 시선이 마주치자 생긋 웃었다. 그때 나타난 왼쪽 볼 보조개, 그 매력과 따스하게 전해지는 정겨움에 나는 그 순간 언니에게 반하고 말았다.

이튿날 학교에서 집으로 가는 길에 나는 모아 둔 용돈

가운데서 얼마를 꺼내 은행으로 갔다. 은행은 어제처럼 사람이 붐비지 않아 한산했고, 마침 그 언니 앞에는 아무도 없었다.

나는 곧바로 그 앞으로 가서 통장과 천 원짜리 석 장을 내밀며 "언니, 이거 예금하려는데요." 했다.

"오! 어제 왔던 학생이구나."

내 얼굴을 알아보고 반갑게 통장을 받아 처리한 언니가 통장 위에다 캔디 두 개를 얹어 주며 "이지영, 이름도 예쁘고, 얼굴도 예쁘고, 마음씨도 예쁠 것 같네. 이 캔디는 언니가 주는 작은 선물이야. 우리 자주 만나자."라며 미소 짓자 또다시 그 매력 포인트인 보조개가 나타났다. 나는 궁금했다.

"언니, 언니 이름이 천사표예요?"

참으로 호기심을 자극하는 이름이라 묻지 않을 수가 없었다.

"그래, 성은 천 씨이고 이름이 사표야. 그러니 '천사표'가 내 이름이지. 그런데 지영아, 난 항상 천사표란 내 이름한테 미안하단다. 왜냐하면 실제 나는 천사표와는 너무나

거리가 먼 생활을 하고 있거든."

 나는 그 말에 어떤 대답도 하지 않고 통장과 캔디를 받아 들고 은행을 나왔다. 이름처럼 천사표 언니답다고 말하고 싶었는데 갑자기 경미 언니가 떠올라 그 말을 할 수가 없었던 것이다. 경미 언니가 우리 동네 천사표 언니로 소문이 나 있는데, 이름이 천사표라고 해서 잘 알지도 못하는 언니를 천사표 언니라고 생각하려 한 것이 어쩐지 경미 언니에게 미안해서였다.

 그날 이후, 나는 차비까지 아껴 가며 은행으로 달려갔고, 용돈도 아끼고 아껴서 얼마 되지 않는 금액이라도 예금을 하면서 '천사표' 이름표를 단 언니를 만나러 가곤 했다.

 사표 언니는 언제나 통장을 내줄 때는 새콤달콤한 캔디 두 개를 주었다. 대화를 하거나 가늘게 파인 보조개를 본 기분 좋은 날에는 그 캔디를 동생 인영에게 가져다주기도 하지만, 제대로 말도 건네지 못하고 보조개도 못 본 날에는 은행 문을 나서면서 두 개의 캔디를 한입에 털어 넣고 '와자작' 소리 내어 깨물어 먹기도 하였다.

내가 사표 언니를 따르니까 언니도 나를 동생처럼 귀엽게, 친절하게 대해 주었다. 어떤 때는 퇴근할 시간이 얼마 남지 않았다고 기다리게 해서 함께 근처에 있는 떡볶이 가게에서 떡볶이를 사 주기도 하면서 여러 가지 얘기를 하고는 했다. 자꾸만 좋아지는 언니에게로 향하는 내 감정이 가끔은 우습기도 하여 은행 문을 나서면서 혼자 쿡쿡 웃을 때도 있었다.

어쨌거나 나는 사표 언니를 통해서 지금까지 알지 못했던 일터와 아름다운 인생 이야기를 듣고 배우며, 싱그러운 사과처럼 조금씩 익어 가고 있었다.

그러나 아무리 좋아해도 무작정 은행으로 만나러 갈 수는 없었고, 예금도 하지 않으면서 은행으로 찾아가 근무 중인 언니와 얘기를 나눌 형편도 되지 않을 때는 좀이 쑤셨다. 어떻게 하면 사표 언니와 긴 시간을 함께할 수 있을까를 궁리한 끝에 내일은 토요일이니 어디 동물원에라도 함께 가자고 떼를 써 보려고 용기를 내서 은행으로 가는 중이었다.

그런데 은행 가까이 갔을 때, 퇴근 시간도 아닌데 사표 언니가 은행 문을 나오고 있었다.

나는 반가운 마음에 가는 길을 막아서고서 물었다.

"사표 언니, 벌써 퇴근해?"

"응 지영이구나. 마침 잘 만났다. 너 언니 가는 데 따라갈래?"

언니도 나를 반겼다.

나는 어딜 가는지 묻지도 않았고, 가는 곳이 어딘지 모르지만 사표 언니와 함께 가니 신이 나서 그냥 따라갔다.

언니는 동네 슈퍼에서 내게 주던 캔디와 비슷한 것을 아주 많이 샀다. 그리고 색색의 포장으로 된 초콜릿도 큰 박스로 샀다. 이 많은 걸 누구 주려고 사는 걸까 궁금했지만 묻지 않았다. 그걸 들고 찾아간 곳은 은행에서 그곳까지 20분 정도 차를 타고 간 거리에 있는 '꽃사랑집'이었다. 사표 언니가 차를 타고 가면서 궁금해하는 내게 말했다.

"은행에 근무한 지 3년이 되었는데 그동안 참 많은 것을 느꼈단다. 매일매일 많은 돈을 세면서 이렇게 돈이 많은데도 왜 우리 주변에는 헐벗고 굶주리는 사람이 많은지 이상하기만 했어. 신문, 잡지, 특히 교회 잡지나 신문을 보면 도움을 받지 않으면 살아갈 수 없는 불쌍한 사람이 엄청 많은데도, 가진 사람들은 모른 척하고 있는 것 같아 슬펐어. 가끔 돈을 세는 내 손가락이 다 싫어질 때도 있었단다. 그래서 생각했지. 매달 얼마 되지 않은 적은 돈이라도 도움이 필요한 곳에 보내야겠다고. 지금 우리가 가는 곳은 지난여름 수녀원에서 만든 잡지를 보고 찾아간 곳인데, 오늘이 일곱 번째 방문이야."

언니는 자신이 후원하는 금액이 얼마 되지 않지만 부모에게 버림받은 아이들과 가난한 수녀님들에게 보탬이 되고 있다는 것이 기쁘고 감사하다고 말하면서도 막상 표정은 슬퍼 보였다. 그런 언니가 이름뿐이 아닌 정말 천사 표였다.

그곳은 우리 동네에서 그리 멀리 않은 그러나 번잡한 동네로부터 좀 떨어진 산기슭에 위치하고 있었다. 날씨가 풀린 탓인지 서너 명의 지적 장애아들이 양지쪽에 앉아 놀고 있다가 사표 언니를 보자 우르르 뛰어와 매달리며 반겼다. 어떤 아이는 무조건 울음부터 터뜨리며 언니에게 매달리기도 했다.

언니는 두 손에 들고 있던 짐 꾸러미를 내려놓고, 아이들의 머리를 하나하나 쓰다듬어 주는데 내 눈에서는 이유도 없이 자꾸만 눈물이 나오려고 했다.

언니와 내가 작은 사무실에 도착했을 때 먼저 와 있는 손님이 있었다. 잠시 머뭇하던 언니가 노크를 하고 문을 열었을 때, 우릴 맞는 수녀님 뒤로 한 여인이 일어나 우릴 돌아보았다. 그때 나는 그만 발이 땅에 붙는 듯 깜짝 놀라고 말았다.

"경미 언니!" 전혀 생각지도 못한 곳에서 왕언니를 만난 것이다.

"지영이 네가 여기 어떻게?"

경미 언니도 나만큼 놀란 듯, 나와 사표 언니를 번갈아 쳐다보았다. 사표 언니 역시 경미 언니와 내 얼굴을 쳐다봤다. 잠시 동안 침묵이 흘렀다. 순간 두 언니의 입에서 동시에 반가움이 묻은 말이 튀어나왔다.

"유 선생님이 지영이가 말한 우리 동네 천사표 언니?"

"천 선생이 지영이가 말한 그 은행의 천사표?"

두 사람의 물음에 대한 답인 양, 두 언니는 서로 감격스러운 포옹을 하였고, 성모님을 닮으신 수녀님은 나를 향해 한 눈을 찡긋하며 즐거운 표정을 짓고는 "두 사람 모두 지영이의 천사표 언니네요." 하는 것이다. 내가 수녀님께 말하려 했는데 수녀님이 내 마음을 먼저 아시고 말씀하신 것이 신기해서 쳐다보니 수녀님은 더 앞장서 기분이 좋으신 듯 경쾌한 콧노래를 흥얼거렸다.

순간 나는 밝고 따사로운 햇살 가득한 이곳에서 하늘을 나는 듯 했다.

개구리 소리주머니에 담긴 그리움

그토록 명랑하고 다정다감하던 아영이가 우울증에 빠진 것은 단짝 친구인 송이의 갑작스러운 죽음 때문이었다. 부모 잃은 슬픔을 딛고 새로운 출발을 다짐하며 산 좋고 공기 맑은 동네 '푸른 빌라'로 이사 와서 처음 사귄 송이는 3년 동안 아영이에게 위로와 즐거움을 준, 아영이가 살아온 짧은 인생 동안 가장 진한 우정을 나눈 친구였다.

트럼펫을 즐겨 부는 송이를 자랑스러워하며 신비스럽게까지 생각하면서 될 수 있으면 송이와 함께 있기를 원했고, 송이가 교내 브라스 밴드 멤버로 합주 연습을 할 때면 송이를 따라 연습실로 가서 연주곡을 듣고 구경하는 것이 아영이에게는 크나큰 즐거움이기도 하였다.

그런 송이가 지난달에 아영이 곁을 떠난 것이다. 아영

이는 믿을 수가 없었다. 그렇게 활달하고 밝은 송이가 불치병을 앓고 있었다는 것도 믿기지 않았고, 또 가장 친하다고 생각한 자신에게까지 병을 숨겨 왔다는 것도 더더욱 이해되지 않아 섭섭하였다. 아니, 그렇게 아프면서도 아영이가 원하면 언제나 트럼펫을 불어 주면서 즐겁게 해 준 것을 생각하면, 아영이는 송이를 앗아 간 이 세상의 모든 것 밝은 햇살도 꽃보다 아름답다는 고운 단풍조차도 보기가 싫어졌다.

금방이라도 저만치서 얼굴에 함박웃음을 담고 '아영아~' 하며 달려올 것만 같은데, 학교 어디에서도 송이의 모습을 찾을 수가 없어서 혼란과 슬픔 속으로 빠져들었다.

시간이 흐르면서 아영이는 송이가 이 세상에 없다는 사실을 인정하지 않을 수 없게 되었다. 그 사실을 인정하면서도 송이가 못 견디게 그리울 때는 브라스 밴드 연습실엘 가 보기도 하지만, 그렇듯 맑고 신나게 들렸던 연주곡이 송이가 보이지 않는다고 느끼는 순간 '붐, 붐'거리는 소음으로 골머리를 때리면서 슬픔만 더해 주었다.

아영이는 자신에게 소중한 것을 누군가가 자꾸만 빼앗아 가는 것만 같아 두려워졌다. 엄마 아빠를 잃은 슬픔에서 겨우 벗어나 친구랑 함께 가슴에 고이 담아 키우고 싶었던 인생의 꿈도, 송이가 사라지자 함께 잃어버린 듯해서 허무한 마음이 절망적으로 치닫고 있었다. 날이 갈수록 사람 만나는 것도 싫어졌고 누구와 말 건네기도 싫어서 학교 수업만 끝나면 바로 집으로 돌아와 방에 틀어박혀 버렸다.

어두운 것이 싫어 고등학교 입학 기념으로 경미 언니가 달아 준 방 안의 예쁜 커튼을 낮에는 치지도 않았는데, 요즘은 밝은 것이 싫어서 방에만 들어오면 빛을 차단하기 위해서 아예 커튼을 내려놓은 지가 일주일이 넘었다.

세상을 떠난 언니 내외가 남기고 간 세 딸을 돌보는 경미는 세 자매 중 맏이로 가장 믿음직스런 동생의 이런 변화가 안타깝고 걱정스러웠다. 처음 며칠은 가까운 친구를 잃은 상실감으로 인한 잠깐의 우울 증세려니 하고 대수롭지 않게 생각했었는데, 시간이 흐르면서 자폐 증세까지 보이니 어찌해야 좋을지 일이 손에 잡히지 않았다. 밴드부 친구들에게 연락해서 밴드 연습실로 불러내라고도 해 보고, 동생들을 시켜 아영이가 즐겨 먹는 도넛 가게로 유인해서 함께 도넛을 먹으며 우스갯소리도 하며 기분 전환을 시켜 보려고도 해 보았지만 아무 소용이 없었다.

　오늘도 아영이는 토요일 보충 수업을 빼먹고 일찍 집으로 돌아왔다. 언니를 걱정스러운 눈빛으로 바라보는 두 동생에게 눈길 한번 주지 않고 바로 자기 방으로 들어가 버리는 아영이를 경미가 뒤따라갔다. 역시 방안은 온통 침울한 분위기로 어두컴컴하였다.

　경미는 우선 커튼을 활짝 젖히고 창문부터 열었다. 아영이는 옷 갈아입을 생각도 않고 아무런 반응도 보이지 않은 채, 그냥 멍하니 서서 벽에 걸려 있는 개구리 그림을 보고 있었다. 그 그림은 소리주머니를 잔뜩 부풀리고 있는 개구리의 모습을 좀 과장되게 표현한 재미있고 우스꽝스런 그림이었다.

　경미는 손끝으로 건드리기만 해도 어떤 발작적인 행동이 일어날 것만 같아 마음이 조마조마했지만 그냥 있을 수만 없어서 아주 조심스럽게 말을 건넸다.

"이 그림…, 송이가 그려서 준 것이라고 했지?"

다행스럽게도 걱정하는 언니의 마음을 이해한 듯 아영이는 말없이 그저 고개를 끄떡였다. 경미는 아영이가 반응한 것이 뜻밖이고 고마워서 다가가며 말했다.

"아영아! 잘 봐. 저 개구리 말이야. 소리주머니가 불룩 튀어나온 것이 그 주머니 속에 웃음이 가득 담긴 것 같지 않니? 송이가 말이야, 사랑하는 친구 아영이에게 웃음을 주고 싶어서 이 그림을 그려서 준 것이라고 생각되지 않니?"

잠시 침묵이 흘렀다. 순간 "… 언니!" 하고 부르면서 가슴에 왈칵 안기며 울음을 터트렸다.

경미는 자신의 가슴에 얼굴을 묻고 아픔을 토해 내듯 우는 아영이를 보듬어 안으며 어느 정도 안도의 숨을 쉬었다. '언니~'라고 불렀으니 이제 말문을 연 것이라고 믿었기 때문이다.

"이제 그만 끝내야 한다. 너, 너무 슬퍼하고 그렇게 우울하게 지내는 것, 송이는 절대 원하지 않을 거야. 그리구 왜 송이가 네 곁을 떠났다고만 생각하니? 눈에 보이지 않으면 다 없다는 거야? 꼭 눈에 보여야만 느낄 수 있는 건 아니잖아. 주님은 우리 눈에 보이지 않아도 우린 항상 느끼고 사랑하면서 살고 있지 않니?"

경미의 품에 안겨 고개를 끄덕이던 아영이가 손등으로 눈물을 훔친 후, 한결 기분이 나아진 듯 개구리 그림을 쳐다보았다.

"언니! 사실 저 그림은 송이가 나팔 불 때 자기 모습을 상상하면서 그렸다고 했어. 개구리 소리주머니가 아니라 자신의 아름다운 트럼펫 소리와 함박웃음이 담긴 송이 자신의 웃음주머니라구. 언제나 이 웃음주머니를 기억해야 한다면서…."

"그런 사연이 담겨 있었구나. 그렇다면 더더욱 슬퍼하고만 있을 수 없지. 그건 송이한테도 미안한 일이야. 그러니 이제 기운 차려."

"미안해 언니, 걱정하게 해서…."

말문이 트이고 표정이 점점 밝아지고 있는 아영이가 고마워서 경미는 아영이에게 무언가 해 주고 싶어졌다.

'지금 이 아이에게 무엇이 가장 필요할까?'를 생각하던 경미의 눈에 섬광처럼 볼에 웃음을 가득 담고 있는 개구리 그림이 비쳤다.

"언니가 트럼펫 사 줄 테니까, 이제부터 아영이가 송이 대신 개구리 소리주머니에 아름다운 멜로디와 웃음을 담는 거야. 할 수 있겠지?"

아영이는 자신의 귀를 의심하듯 잠시 언니의 얼굴을 빤히 쳐다보다가 곧 환하게 표정이 밝아졌다.

"언니가 정말 나한테 트럼펫을 사 주겠다는 거야?"

자기 생각이 적중한 것에 기분이 좋았지만 경미는 내색하지 않고 심통을 부려 보는 척했다.

"너 혹시 트럼펫이 갖고 싶어서 지금까지 침묵 시위한 건 아니니?"

"아냐, 아냐. 정말 그건 아니야. 그런데 언니, … 실은 나 오래전부터 트럼펫 갖고 싶었어. 그래서 가끔 송이에게 빌려 배우기도 했어."

"갖고 싶으면 언니한테 사 달라고 하지 왜 말 안 했어?"

"언니가 우리를 위해 많이 고생하고 애쓰는 걸 아는데 어떻게 말해? 엄마 아빠 대신 보살펴 주어서 늘 고맙고 미안하게 생각하는데, 갖고 싶은 것 다 갖겠다고 말할 수 있어? 또 트럼펫이 얼마나 비싼 건데….."

아영이의 말끝에는 다시 엄마 아빠가 계시지 않는다는 슬픔이 묻어 나왔다. 경미 역시 가슴이 저렸다. 아영이가 안쓰러워 시선이 마주치기라도 하면 금방 눈물이 쏟아질 것만 같아 두 팔로 살포시 감싸 안고만 있었다.

그동안 앓았던 아영이의 아픔은 친구를 잃은 아픔만이 아니라, 그 슬픔을 보듬어 줄 엄마 아빠가 없다는 데서 아픔이 더해진 것임을 뒤늦게 깨닫게 된 우리 동네 천사표 언니 유경미는 어린 동생들이 애처로워 자꾸만 눈이 따끔거렸다.

제비를 기다리는 사탕 할아버지

경미가 이곳 산촌 마을을 다시 찾은 것은 거의 5년만이다. 사범 대학을 졸업하던 해, 시골 분교를 자원해서 1년 반 동안, 사회생활을 처음 시작하는 흥분과 기대를 안고 농촌의 자연 풍광을 즐기면서 아름다운 추억거리를 많이 만들어 담아 둔 곳이기도 하다.

계획에 없던 세 동생을 보살피기 위해서 교사직을 접고 어린이 놀이방을 운영하게 되면서도 문득문득 떠오른 곳, 때로는 마음의 쉼터가 되기도 했고, 가끔은 그리움의 마당에 들어 꿈을 꾸고 싶기도 했다. 하지만 5년이 지나도록 마음뿐 가 볼 엄두를 내지 못했다. 그런데 요즘 부쩍 5년 전 자신을 느끼며 충전하고 싶어 주말 하루 틈을 낸 것이다.

초라한 학교 건물이지만 야생화를 비롯해서 여러 가지 꽃과 나무가 어우러진 아름다운 동산을 주변에 두고 마음껏 뛰놀 수 있는 운동장은 서울 도심에 있는 학교에 비할 수 없는 소중한 자산으로, 도시 문명을 누릴 수 없는 아이들에게 하느님이 내려 주신 축복의 선물이라는 생각을 하며 새내기 선생 자신의 삶에 보람을 느꼈다.

천진난만한 학생들의 얼굴과 다정다감한 동네 어른들의 모습을 떠올리며 풀 내음 그윽한 동네 어귀를 접어들 때, 경미는 참으로 오랜만에 자신만을 위한 감동으로 짜릿한 가슴이 콩당콩당 뛰기까지 하였다.

즐비하게 늘어선 달맞이꽃과 보기 좋게 줄서기를 하며 부쩍 자라 버린 미루나무의 푸릇푸릇한 잎사귀들이 미소 지으며 자신을 반기는 듯해서 경미는 기분이 상쾌해졌다.

'그때 그 학생들은 어떻게 변했을까?' 하고 생각하니 저절로 웃음이 흘러나왔다. 학생 수라야 1학년부터 6학년까지 모두 합쳐 열한 명, 전교생 이름과 얼굴을 익히는 데는 며칠 걸리지도 않았다. 그때 만난 아이들 가운데 나름대로 특색 있는 아이들, 새침데기 순희, 말코 복남이. 오줌

싸개 훈이, 팔랑개비 기철이, 털털이 정순이, 왕방울 영식이 등 아이들의 모습이 몽글몽글 들판에 솟아오르는 아지랑이처럼 눈앞에 아른거렸다.

들로 내려가는 아래쪽 개울에는 그때나 다름없이 산으로부터 흘러내리는 냇물이 '졸졸' 소리를 내며 흐르고 있었다. 그 냇가에 한 노인이 징검다리 돌판을 빨래판 삼아 힘겹게 빨래하는 것이 보였다. 그 노인을 바라보며 경미는 혹시 안면 있는 어른일지도 모른다는 생각을 하며 조금은 조심스러운 마음으로 인기척을 내며 인사를 건넸다.

"할아버지 안녕하세요?"

노인은 경미의 목소리를 듣지 못한 듯 빨래를 계속하고 있었다. 경미는 좀 더 큰소리로 다시 인사를 하자 그제야 노인이 경미를 쳐다보았다.

경미는 눈에 익은 듯해서 목례를 하자 노인이 경미를 유심히 쳐다보았다. 잠시 침묵 가운데 흐르는 물소리만 두 사람의 지난날 기억을 불러오는 듯 졸졸 소리 내고 있었다.

"할아버지, 저 기억 안 나세요? 저… 몇 년 전에 여기 초등학교 분교에서 근무했었는데요."

노인은 기억을 더듬다가 경미를 알아보고는 허리를 펴며 반겼다.

"그래, 예쁜 처녀 선생. 유 선생이었지. 그동안 몰라보게 어른이 되었구랴."

사탕 할아버지였다. 그때의 그 활달하신 할아버지가 5년 만에 이렇듯 초라하고 나약한 모습으로 변해 버린 사실이 믿기지 않아 경미는 머리가 혼란스러웠다.

그 시절, 사탕 할아버지는 쓸쓸해 보이지도 않았고 불행해 보이지도 않았으며, 얼굴에는 항상 넉넉한 웃음이 떠나지 않았다. 아이들을 귀여워해서 5일장이 열리는 날이면, 언제나 할아버지는 장에 가서 제법 묵직한 사탕 한 봉지를 사 가지고 와서는 아이들에게 골고루 세 알씩 나누어 주셨다. 그때마다 녹음처럼 되풀이하는 말씀은 "공부 열심히 하거라. 난 책가방 메고 학교에 가는 너희들을 보기만 해도 기분이 좋고 막 힘이 생긴다."였다.

아이들 역시 어르신을 '사탕 할아버지'라 부르며 좋아

하고 따르는 것을 보며, 새내기 선생도 덩달아 사탕 할아버지를 좋아하였고 존경하게 되어 잊을 수 없는 분으로 기억에 남아 있다.

'그 인자하고 풍채 좋은 할아버지가 저렇듯 초라하고 나약한 모습으로 냇가에서 빨래를 하시다니….' 경미는 학생들에게는 물론 자신에게도 달콤한 추억을 안겨 준 할아버지가 저토록 처량한 모습을 보이고 있다는 것이, 우리 모두의 무관심과 배신 때문이라는 생각이 들었다. 경미는 경쾌하던 기분이 사라지고 우울해졌지만, 내색은 하지 않고 '사탕 할아버지!' 하고 정겹게 부르며 다가갔다.

그러고는 빨래를 대충 거두고 부축하여 노인의 집으로 모시고 갔다.

경미는 마른 수숫대처럼 가벼워진 노인의 체중을 감지하며, 참으로 덧없는 인생살이를 다시 한번 절감했다.

홀로 사는 노인의 집은 보는 것만으로도 쓸쓸함과 외로움이 묻어 나왔다. 따가운 태양열로 인해 기진맥진한 노인의 이마는 땀방울이 흘러내렸다.

변한 것은 사탕 할아버지의 모습뿐만이 아니었다. 농촌의 모습도 할아버지의 모습 못지않게 쓸쓸하게 많이 달라져 있었다. 우선 분교가 2년 전에 폐교되어 그 정겨웠던 학교 건물은 을씨년스러운 모습을 하고서 팔려 나갈 날만 기다리고 있었고, 서로 정을 나누며 네 집일 내 집일 구분하지 않고 서로 품앗이하던 아기자기한 풍경은 사라진 듯했다.

경미는 세상이, 아니 한때 아름다운 추억을 묻었던 곳이 삭막하게 변하고 있음이 안타까웠다. 그걸 느낀 순간 아이들에게 사랑과 사탕을 아낌없이 나누어 준 사탕 할아버지의 그 고마움을 자신마저도 모른 채 지나왔다는 것이 죄송했다. 할 수만 있다면 지금이라도 그 고마움에 대한 보답을 조금이나마 하고 싶었다.

"사탕 할아버지! 지금 뭐가 제일 하고 싶으세요?"

경미의 물음에는 아무런 답도 않고 노인은 묵묵히 방 안의 한 벽면을 쳐다보았다.

그 벽에는 절어서 빛바랜 흑갈색 화선지에「일일일선-日一善」이란 글귀가 쓰인 족자가 걸려 있었다.

"사람이 은혜를 입고 태어났으니 하루 한 가지라도 착한 일을 하며 살아야 하는데 이렇게 목숨만 연명하고 있으니…."

해석을 덧붙이며 자신의 말년을 한탄하는 노인의 모습이 경미의 눈에 갑자기 초인超人으로 보였다.

경미는 자꾸만 부끄러워졌다. 그 부끄러움을 억누르며 다시 노인에게 '요즘 가장 힘든 일이 무엇이냐'고 물었다. 조금 뜸을 들이다가 '고독'이라고 답하면서 "고독은 자신에 의해서건 아니면 어쩔 수 없는 타의에 의해 받은 것이건 간에 너무 오래 머물게 해서는 안 될 것이야."라고 했다. 그리고 계속 말을 이어 갔다.

"인생의 말년은 결국 헤어짐의 연속이지. 어쩌면 사람으로 태어나는 것도 헤어지기 위해서이고 만나는 것도 헤어지기 위함인 것 같아. 태어나지 않았더라면 헤어짐의 슬픔이 없었을 텐데…. 허지만 꽃이 어찌 시들 것을 걱정해서 피기를 마다하겠나?"

사탕 할아버지의 말씀을 들으면 들을수록 경미는 더

부끄러워졌다.

"저 제비집 말이야…."

허공을 바라보며 말하던 노인이 갑자기 처마 밑의 제비집을 가리키며 화제를 돌리는 바람에 경미도 고개를 들고 제비집을 바라보았다. 그 제비집은 지은 지 오래 되어 보이는, 주인의 집처럼 쓸쓸하고 초라하게 보였다.

"저 빈집에 제비가 찾아들지 않은 지가 이태가 지났어."

"할아버지, 여기에도 제비가 안 오나요? 서울에선 몇 년 전부터 제비 구경하기가 힘들다고 해요."

"그 콘크리트 시멘트 천지인 바닥에 제비가 갈 리가 없지. 이곳에서도 제비 구경하기가 힘든 판국인데…."

"할아버지, 서울은 그렇다고 해도 여긴 왜 안 오지요?"

"농약 때문이지, 먹을 것이 없잖아. 공해를 피해 제비들은 훨훨 저들 살기 좋은 곳으로 삶터를 옮길 줄 아니 영물이지. 그래도 그놈들이 찾아와서 새끼를 치고 재잘거릴 때는 외롭지도 않고 재미도 있었는데, 생명 있는 것들과 함께한다는 것이 얼마나 푸근하고 즐거운지 젊은 선생은 아마도 모를 것이야."

노인은 고독에 온 몸이 절은 듯 말 한마디 한마디에도 외로움이 묻어 나왔다. 경미는 그 외로움이 자신에게도 전해 옴을 느끼며 할 수만 있다면 한순간만이라도 제비가 되어 할아버지의 집 처마 밑 제비집으로 들고 싶었다.

"할아버지, 언젠가는 돌아올 것입니다. 할아버지의 그 따스한 정이 그리워서도 제비들은 꼭 다시 찾아올 거예요."

"글쎄, 그렇게만 된다면…."

말끝을 흐리며 자신 없어하는 노인에게 경미 역시 자신 있게 어떤 말을 할 수가 없어서 안타까웠다. 순간 경미의 뇌리에 '아, 귀엽고 착한 내 동생들~'이 떠올랐다.

경미는 한결 밝고 자신에 찬 음성으로 노인에게 말했다.

"할아버지, 제게는 예쁘고 착한 여동생이 세 명이나 있는데요. 우리 집에서는 제가 제일 어른인데 동생들을 데리고 찾아갈 마땅한 둥지가 없어요. 저도 사탕 할아버질 좋아했고, 할아버지가 보고 싶어서 여길 들렸는데, 우리 동생들도 제비집을 지키며 제비를 기다리시는 할아버질 만나면 무척 좋아할 것 같은데요. 그러니 할아버지! 저희 자매들이 할아버지 둥지를 찾아오는 제비가 되면 안 될까요?"

자신이 하는 말을 놀라움과 기쁨으로 받아들이고 있는 듯한 할아버지를 보며 우리 동네 천사표 언니는 제비가 돌아오길 기다리며 고독을 달래는 외롭고 추운 '사탕 할아버지'에게 따뜻하고 즐거운 꽃 소식을 물어다 주는 제비 역할을 할 동생들의 모습을 머릿속으로 그리며 행복해했다.

주희에게 엄마가 생겼어요

오늘은 주희에게 엄마가 생기는 날이다.

젊고 예쁘고 천사처럼 마음씨 고운 데다, 오래전에 돌아가신 진짜 엄마를 쏙 빼닮은 경미 언니를 엄마로 맞게 된 주희는 생각만 해도 기뻐서 가슴이 팔딱거린다.

세례식 때 입으라면서 경미 언니가 사다 준 아름다운 레이스가 달린 하얀색 원피스에다, 망사에 장미 꽃송이 수를 놓은 미사보를 쓴 자신의 모습이 꼭 동화에 나오는 행복한 공주 같다는 생각에 불행했던 그간의 생활은 이미 까맣게 잊었다.

얼굴조차 기억하지 못할 정도로 아버지는 일찍 돌아가셨고, 어머니마저 초등학교 4학년 때 큰 수술 끝에 돌아가시자 어쩔 수 없이 베트남 전쟁에서 한 쪽 다리를 잃은 외할아버지와 함께 북한산 기슭 허름한 고가의 아랫방을 빌려 살게 된 지도 어언 5년이 되었다.

외할아버지의 보훈 연금으로 두 식구의 생활을 꾸려가고 있다는 걸 아는 주희는 시간이 흐를수록 의기소침해져서 친구와도 사귀려 하지 않아 항상 외톨이로 지내고 있었다. 할아버지는 이런 주희를 측은하게 생각하지만 별 뾰족한 방법이 없어서인지 노인 복지관에만 열심히 나가셔서 주희가 학교에서 돌아오는 시간에도 집에 안 계실 때가 많았다.

주희는 아무도 없는 빈집이 싫었다. 엄마와 살 때는 집이 아무리 비어 있어도 집안이 썰렁하다거나 싫지 않았는데, 할아버지와 둘이 지내게 되면서 어느 날 갑자기 '빈집이 무지무지 싫다.'라는 생각이 들면서 주희는 차츰 자기 방에 들어가는 것조차 싫어졌다. 그나마 다행인 것은 집 근처에 산이 가까이 있고 산책할 수 있는 근린공원이 있다는 것이다. 그래서 친구가 없고 얘기할 가족이 없어도 산책하면서 나무와 꽃과 대화를 나눌 수 있어서 의지가 되고 위로를 받을 수 있었다.

그날은 지난밤에 내린 비가 말끔히 개인 상쾌한 여름 방학의 마지막 주일이었다.

푸른 하늘 저 먼 곳으로 여러 동물의 형상을 한 뭉게구름이 천천히 모양을 바꾸면서 하염없이 흘러가는 것을 보면서 주희는 모처럼 상쾌함을 느꼈다. 혼자서 늦은 아침을 먹고 습관처럼 산책을 하기 위해서 집을 나섰다.

등산로와 연결된 골목길을 들어서는데 '한마음 장터'란 예쁜 글씨와 그림이 그려진 현수막이 미풍에 팔락거리며 손짓을 해 걸음을 멈추었다. 그 너머로는 즐거운 잔칫집인 양 마당 한가득 행복한 얼굴들이 오가는 것이 보였다.

성당이었다. 얼마 전까지만 해도 담이 있어서 마당 안을 들여다 볼 수 없어 관심도 없었는데, 언제 그 담을 헐어 버렸는지 마당 안의 풍경이 한눈에 들어왔다. 담 하나 없어진 것이 이처럼 거리감을 없애 주어 쉽게 성당 안에 들어설 수 있다는 사실이 주희는 놀라워 어리둥절하면서도 빨려들 듯 성당 마당으로 자연스럽게 들어갔다.

입구에는 '어서 오세요. 이웃 여러분! 환영합니다.'라고 쓰인 푯말이 있어 쭈뼛거리던 마음을 편하게 해 주었고, 담이 없어진 것이 이처럼 거리감을 없애 준다는 사실에 놀랍고 신기하기도 하였다.

마당에는 밖에서 볼 때보다 더 많은 사람들이 북적거리는데도 정돈되고 화기애애한 분위기가 감돌았다. 열두 시를 조금 넘긴 시각, 어디선가 성가대의 은은하고도 웅장한 합창 소리가 흘러나왔다. 주희는 경건함과 즐거움과 술렁거림이 뒤섞인 가운데 많은 사람들이 기쁨에 넘쳐 흥청거리는 분위기에 이끌렸다. 많은 사람들의 얼굴에는 하나같이 기쁨이 넘쳐 나고 서로 다정하게 얘기하는 모습이 주희에게는 별세계의 사람들처럼 보였다.

여기저기서 물건과 음식을 사고팔고, 또 음식을 나누는 정겨운 모습을 보면서 주희는 자신의 마음속에서 그토록 오래 외면해 온 인간의 따스한 마음에 대한 갈망으로 사랑하고 사랑받고 싶은 마음이 불같이 일어났다.

신앙이 무엇인지 생각해 보지 않았던 주희는 많은 사람들 틈에 섞여 자신도 모르게 믿는다는 것이 인생을 아름답게, 사람을 행복하게 해 줄 수 있을 것이라고 막연하게나마 깨달으면서 마당 안의 남녀노소 모두가 함께 기쁨에 찬 얼굴로 서로 사랑을 나누는 모습에 가슴 뭉클한 감동을 느껴 자신도 그들 속의 한 사람이 되고 싶다는 소망을 가졌다.

음식 판매 코너에는 더 많은 사람들이 북적거렸다. 구슬땀을 흘리며 음식을 마련하는 봉사자와 즐거운 마음으로 음식을 사 먹는 사람들을 보는 것만으로도 주희는 즐겁고 배가 부르다고 느껴졌다.

주희가 이곳저곳 가게를 돌아보다가 떡볶이를 맛있게 버무리는 한 봉사자를 보고는 '앗' 하고 소리를 지를 정도로 놀랐다. 순간 가슴이 콩콩 뛰었다. 겨우 진정을 하여 가까이 다가가 자신보다 열 살 정도 위로 보이는 그 봉사자를 유심히 보았다. '어쩌면 우리 엄마와 저렇게 닮을 수 있을까?' 5년 전에 이 세상을 떠난 엄마가 다시 살아나 주희가 좋아하는 떡볶이를 해 주는 것 같아 넋을 잃고 쳐다보았다.

바쁘게 손을 놀리던 그 봉사자가 자신을 말끄러미 쳐다보는 주희를 의식한 듯 미소 띤 얼굴로 다정스럽게 말을 건넸다. "왜 그렇게 쳐다보니? 이것 좀 먹어 볼래?" 하며 떡볶이 한 접시를 내밀었다.

주희는 말없이 고개만 좌우로 흔들 뿐 여전히 빤히 쳐다보기만 하였다.

"언니가 사 줄 테니 먹어 봐. 이래 봬두 이 언니의 떡볶이 솜씨는 우리 성당에서 알아주는 솜씨란다."

떡볶이 접시를 건네받으며 주희는 옆의 또래 소녀가 와서 하는 말을 귀담아 들었다.

"안젤라 언니, 여기 있었네. 우리가 좋아하는 떡볶이 담당이 언니였구나."

'안젤라'라고 불린 그 언니는 상냥한 목소리까지 엄마를 닮아 주희는 그 언니가 자꾸만 보고 싶어졌다. 주일날 성당에 오면 그 언니를 만날 수 있다고 해서 다음 주일부터 성당 주일 학교에 나가기로 하였다.

주일 학교 선생님이기도 한 안젤라-경미 언니는 주희 사정과 마음을 알게 되자 친동생 못지않게 사랑하며 아껴 주었다. 경미의 사랑을 받게 되면서 주희는 폐쇄적이고 비관적이었던 사고 방식을 희망과 긍정적인 사고로 바꾸면서 자신의 존재에 대한 감사와 기쁨의 기도를 하느님께 바칠 줄도 아는 행복한 소녀로 변해 갔다.

'한마음 장터'는 신자 간의 화합과 친교를 도모하고 성당 건축 기금도 마련하기 위해서 매월 첫 주일에 열렸다. 장터에서 봉사하는 사람들을 볼 때마다 주희는 '어쩜 저렇게 즐거운 표정으로 일을 할 수 있을까?' 하며 신기하게 생각했다. 하물며 경미 언니는 "하느님과 이웃이 나에게 베풀어 주신 은혜에 비하면 내가 봉사하는 일은 겨자씨에도 못 미치는 너무 작은 것이란다."고 했다. 주희는 경미 언니의 말을 가슴에 담고 자신도 신자가 되고 빨리 어른이 되어서 봉사의 참뜻에 동참하겠다고 다짐했다.

'한마음 장터'로 성당에 발을 들여놓은 지 7개월 만에 주희는 마침내 자신이 원하던 대로 경미 언니를 대모로 세워 세례를 받게 되었다. 그동안 경미 언니의 세 동생과는 친구처럼 자매처럼 지내게 되었고, 신부님과 수녀님 그리고 주일 학교 선생님과 친구들 모두의 사랑을 받고 있다는 것을 느낀 주희는 삶에 활기가 넘쳤고, 드디어 오늘 로사로 새롭게 태어나는 것이다.

세례식이 끝나고 기쁨이 충만한 가슴을 진정시키며 주희가 대모의 손을 잡고 마당으로 나왔을 때 "세례 축하해!" 하며 '영' 자매 셋이서 꽃다발과 선물을 안겨 주었다. 꽃과 선물을 받아 안은 주희가 한동안 말을 않고 있다가 갑자기 눈물을 주르륵 흘렸다. 그리고는 경미의 가슴에 머리를 묻고 울먹이며 "엄마! 고마워요. 다시 주희 앞에 나타나 주어서요." 하는 것이 아닌가.

느닷없는 '엄마'라는 말에 순간 당황하였지만 경미는 곧 주희의 애절한 마음을 이해하고 두 팔로 주희를 꼭 안으며 "그래 주희야, 아니 로사야! 주님께서 이렇게 너를 내 딸로 주셨구나. 사랑한다. 로사야!" 하고 속삭였다.

옆에 있던 지영이가 "주희 언니가 우리 경미 언니를 엄마라고 부르면 난 주희 언니의 이모가 되는 거네." 하며 깔깔거리는데, 인영이는 오히려 울상을 하고 "주희 언니가 우리 왕언니를 엄마라면서 빼앗아 가면 우린 어쩌란 말이야?" 하고 빼앗기지 않겠다는 듯 경미 손을 잡아끌었다.

우리 동네 천사표 언니는 세 동생과 새로 맺은 딸 하나, 모두의 얼굴 살펴보면서 어떻게 해야 네 아가씨 모두가 행복해 할지를 몰라 '주님~'을 부르며 그냥 웃고 있었다.

이뿐이 언니

나의 삶을 우울하고 짜증나게 하는 것은 짤록거리며 걸어야 하는 불편한 다리 때문만은 아닙니다. 도시에서 살다가 시골로 내려와 살기 때문도 아닙니다. 이유는 언니가, 이뿐이 언니가 이곳을 떠나게 되었기 때문입니다.

2년 전 아빠가 갑자기 병환으로 쓰러지시자 간호에 매달려야 하는 엄마는 나를 이곳 외할아버님 댁에 맡기고 전학을 시켰습니다. 그때는 정말 비참해서 죽고 싶었고 참으로 이 시골이 싫었습니다.

고작해야 스무남은 채밖에 안 되는 마을엔 젊은이들은 보이지 않았고, 노인들만이 남아 농토를 가꾸며 살아가는 듯 보였습니다.

마을의 할아버지 할머니들은 각기 논밭에서 일을 하

신 다음, 그 중 제일 젊다는 우리 외할아버지 집으로 모여 들어 잡담으로 하루해를 마감하곤 하셨는데, 처음 몇 번은 그러려니 했지만 거의 매일 반복되다시피 하니 참으려 해도 자꾸만 짜증이 났습니다.

예순다섯 살의 우리 외할아버지가 이 마을에선 막내로 통했으며, 마을 사람들은 무엇이든 할아버지와 의논하시곤 해서, 엄마 아빠도 없고 친구도 없는 내게서 할아버지를 빼앗아 가는 것만 같아 불안하기도 했습니다.

툇마루나 방 안에 모여 앉은 어른들의 대화는 항상 똑같은 내용으로 시작하여 역시 같은 내용으로 끝을 맺기가 일쑤였는데, 이상한 것은 모진 세월 속에 힘겹게 살아온 나날, 어느덧 잃어버린 젊은 날의 추억과 환영을 일깨우며 깊은 한숨으로 신세 한탄을 하시다가도 고작해야 1년에 한두 번 찾아올까말까 하는 자식들, 그 아들딸 얘기만 나오면 어디서 그런 힘이 생기는지 자식 자랑(?)은 그칠 줄을 모르는 것이었습니다.

이미 기력이 쇠약해진 어르신들이 가끔은 막걸리를 드

시며 도회지로 떠나버린 자식들이 그리워 넋두리를 늘어놓으실 때는 우시는 건지 웃으시는 건지 분간할 수가 없어, 어린아이에서 겨우 벗어난 나로서는 좀체 이해하기 어렵지만 한량없는 자식 사랑을 확인하는 순간이기도 했습니다.

할아버지 할머니들의 말씀 가운데 가끔 '이쁜이'가 등장하곤 했습니다. 이름도 예쁘지만 하는 짓은 더 예쁘다나요.

첫 새벽의 수탉 울음소리에 깨어나 자기 집안일은 물론, 나이 많으신 어른의 집안까지 돌아보고는 신발이나 흩어진 수건들을 모아 빨아 놓기도 하고, 동리 어귀와 마을 공터에 야생화를 심어 아름다운 꽃 마을로 만들었다는 등 칭찬 일색이었지요.

원래 이름은 이분이李芬伊인데 동네에서는 그저 '이쁜이'로 불리는 이 마을에선 단 한 명뿐인 여고생이었습니다.

내가 처음 만났을 때 이분이 언니는 역시 소문대로 얼

굴도 마음씨도, 하는 짓까지 예쁘다고 생각했습니다. 언니는 내가 전학한 학교의 고등부 학생회 부회장이었는데, 바로 이웃이어서 반가워하며 편입하는 날은 함께 학교까지 가 주었습니다.

언니는 도시에서 살다가 시골로 내려온 내가, 심리적으로 육체적으로 매우 불편해 하는 것을 금방 알아차리고서는 여러 가지 신경 써 주었습니다. 보리와 벼조차 구분 못하는 내게 언니는 참으로 많은 것을 가르쳐 주었습니다.

도회지의 콘크리트 틈새에서 풀 냄새도 제대로 맡아 보지 못하고 자란 나를 산으로 개울가로 데리고 다니면서, 이름도 재밌는 '꽃다지'와 '애기똥풀', '구슬붕이' 등 동요나 동화에서 가끔 들어봄 직한 산야초를 가리키며 설명해 주곤 했습니다. 정말 신기하고 아름다워 언니와 함께 다니는 것이 즐거웠고, 자연에 취해 점점 시골 생활이 좋아지게 되었습니다.

이수利水 현상으로 비롯되는 계곡의 물이 한적한 마을 한가운데로 흐르는 개울은 언제나 무심한 마을 노인들의 무딘 마음에도 세월의 이치를 일깨워 주곤 하더군요.

봄이면 봄, 여름이면 여름, 가을이면 가을, 겨울이면 겨울답게 이 작은 개울은 그 속내와 모양을 번갈아 가며 자연과 인간이 함께 변화함을 암시하고 있다는 걸 느꼈을 땐, 그 신비함에 가슴이 울렁이기까지 했답니다.

졸업을 한 언니가 취직이 되어 거처를 읍내 직장 가까이 옮기게 될 거라는 소식은 나를 슬프게 했습니다. 축하해야 하는 것이 마땅하지만 왠지 자꾸만 화가 나서 아무 말도 할 수가 없었습니다. 그런 어느 토요일, 언니는 나를 읍내에 좀 떨어진 곳에 위치한 큰 병원으로 데리고 갔습니다. 그 병원은 가톨릭 재단에서 운영하는 재활 병원이라는데 복도에는 휠체어를 탄 사람과 목발을 짚고 힘겹게 걷는 사람들이 많이 보였습니다. 어떤 사람은 언니와 반갑게 인사를 나누기도 했는데, 모든 환자들의 얼굴이 한결같이 밝아 보여 나는 그게 이상해서 언니에게 물어보았습니다.

"언니! 저 사람들, 목발을 짚고, 휠체어를 타고 있으면 불편해서 짜증이 날 텐데 모두 얼굴이 밝으니 이상하잖아?"

"이상할 거 없어. 그들은 모두 희망을 가지고 있단다. 다리를 다쳐 침대에 누워 있는 사람은 빨리 침대에서 일어나 바퀴 의자를 타겠다는 희망, 바퀴 의자를 타는 사람은 목발을 짚고 일어나서 걷겠다는 것, 목발을 짚고 걷는 사람은 노력해서 목발을 벗어 던지고 두 발로 당당하게 걷겠다는 희망, 희망이 있으니 얼굴이 밝을 수밖에 없지."

언니의 표정마저 밝고 희망차 보여 내가 오히려 머쓱해졌습니다. 그런 나를 쳐다보며 언니가 말했습니다.

"어떤 경우에도 희망은 가질 수 있는 거야. 그게 기쁘게 살게 하는 원동력이지. 넌 그렇게 생각하지 않니?"

그 물음에 갑자기 저의 가슴이 고동쳤습니다. 지금까지 소아마비를 앓아 다리를 조금 절게 되었다고 해서 비관하고 불평하며 걸핏하면 나 자신과 부모님을 괴롭힌 것이 부끄러웠습니다. 그런 내 마음을 꿰뚫어 보듯 언니는 "다리가 조금 불편하다고 해서 자신이 하고 싶은 것을 주저하고 포기하는 것은 바보가 하는 짓이야, 알겠지?" 하며 내 손을 꼭 쥐는 것이었습니다.

언니는 그 병원에 취직하기 위해 방학 때 자원봉사를

했고, 보조 간호사 시험에도 합격했다면서 나도 노력하면 간호사도 의사도 될 수 있다고 용기와 자신감을 갖게 해 주었습니다. 그리고 언니는 떠났습니다.

안개구름은 아직도 산허리와 개울가에 내려앉아 마을은 깊은 잠에 빠져있는 듯한 이른 아침입니다. 엉기성기 자리 잡은 집들이 한적한 곳의 원두막처럼 쓸쓸해 보이기는 합니다만, 흐르는 개울가의 물은 계속 자연의 색깔을 담고 있어 마을이 살아 있음을 보여 줍니다. 잔잔하게 파문을 일으키며 흐르는 물에 손을 넣으니 소름이 돋을 만큼 시려 오며 짜릿한 생명감을 느끼게 해 줍니다.

처음 이곳에서 만났던 이분이 언니는 나에게 약간은 무시의 대상이 되기도 하였지만, 또 한편으로는 질투와 시기의 대상이기도 했습니다. 그러나 곧 모든 마을 사람들과 마찬가지로 언니는 내게도 확실히 '이뿐이 언니'로 다가와 사랑하게 되었고, 나는 언니를 통해 자연의 신비함과 아름다움을 통해 삶의 새로운 가치도 알게 되었습니다.

언니는 이제 곧 많은 환자들로부터 사랑받고 존경받는

백의의 천사가 되겠지요.

　나는 언니가 없는 이곳에서 무슨 낙으로 살아야 할지를 생각해 봅니다. 풀꽃의 아름다움에 취해 보았고, 자연과 함께하는 삶의 가치를 조금은 알게 되었기에 쉽게 이곳을 떠나게 되지는 않을 것 같습니다.

　지금 나에게 희망이 무엇이냐고 묻는다면 나는 이렇게 대답할 것만 같습니다.

　"이뿐이 언니가 떠난 자리를 대신해서 내가 동네 어른들로부터 '이뿐이'로 불리는 것이며, 나를 '이뿐이 언니'라 부르며 따를 동생이 어서 빨리 생겼으면 하는 것입니다. 그렇게 되면 예순다섯 살의 우리 할아버지가 막내인 이 마을이 조금은 젊어질 수 있을 테니까요."

| 작가의 말 |

뒤돌아봄의 은총

오래전부터 나이를 의식하지 않고 나이에 걸맞지 않은 행동을 하며 살아왔습니다. 여든이 넘은 지금도 별로 달라진 건 없습니다. 가끔은 몸이 마음을 따라 주지 않아 안타까울 때도 있지만 슬퍼하지는 않습니다. 누구나 겪어야 하는 노화의 한 과정이려니 하며 수용하니까요.

중년에 들어서 지난날에 매이지 말고, 앞날에 대한 거창한 계획은 접고, 그저 주어진 오늘 일에 충실하며 살자고 했습니다. 그래서 2001년, 예순이 넘은 나이에 시작한 「문학의 집 · 서울」의 일을 19년여 간, 뒤돌아볼 겨를도 없이 하루하루에 충실하며 바쁜 시간을 보냈습니다.

그 오랜 시간 동안 작가로서 창작은 거의 하지 못해도,

문인과 문단을 위한 다양한 행사를 펼치는 일, 그 또한 창작 못지않은 보람된 일이라며 즐거운 마음으로 일했습니다.

그러다가 2020년 봄에 그만두었습니다. 일을 놓고 시간에 쫓기지 않는 자유롭고 한가한 시간, 늦잠에 낮잠에, 그동안 쌓아 둔 보고 싶은 책들을 한낮 침대에 누워서 읽을 때는 풍성한 행복감에 빠져들기도 하였습니다. 그리고 찬찬히 지난날을 돌이켜 볼 마음의 여유를 가졌습니다. '돌아보니 모두가 은총이었다.'라는 누군가의 말처럼 되돌아본 삶 굽이굽이마다 주님 사랑, 이웃 사랑이 저를 보듬었음을 뒤늦게야 깨달았습니다.

1962년 현대 문학에 희곡 「운명을 사랑하라」를 발표하면서 작가 대열에 들어 올해 60년이 되었습니다. 60년을 작가라는 이름을 달고 살면서 그동안 창작 생활을 치열하게 하지 못했고, 자랑스럽게 내놓을 만한 작품 한 편 없음에 늘 자신에게 미안하고 주눅 들기는 하였지만, 주님께서 보살펴 주셨기에 작가의 명맥을 유지하며 많은 사람으로부터 인정받고 사랑받으며 오늘에 이르렀습니다.

요즘 사람들은 독서를 잘 하지 않는다고 하지요. 그 사실을 알기에 책 내는 것을 한동안 주저하였습니다. 그럼에도 60년 작가 생활에 뜻을 두고 책을 내고 싶었습니다. 특별한 의미를 내세우지 않고 그냥 주님의 딸 가타리나로 쓴 글을 묶고 싶었습니다.

지금까지 발표한 글 가운데 20여 년 전, 가톨릭 매체 네 곳에 연이어 쓴 산문들을 『느끼지 못한 순간에도 사랑』이란 표제로 묶었습니다. 주저하며 내민 원고를 부끄럽지 않게 선뜻 받아 출판을 승낙해 주신 생활성서사 대표 수녀님과 단행본팀 여러분께 진심으로 고마운 마음을 전합니다. 그리고 소중한 지난날을 되돌아보게 하여 느끼지 못한 순간에도 사랑받았음을 깨우쳐 주시며 이 책이 빛을 보게 해 주신 주님 은혜에 감사합니다.

2022년 7월

전옥주 가타리나